Dieses Buch gehört:

. . . .

Ich lasse meine Herzenswünsche durch meine Visionen, Träume und Eingebungen wahr werden.

Jede meiner Grafiken trägt ihre ganz eigene Schwingung in sich.
Lass dich von ihr energetisch unterstützen.

Impressum

Projektleitung: Tanja Suppiger und Feminist Economy; Regina Westenthanner und Barbara Lampl

Illustrationen: Tanja Suppiger, Adobe Stock (Seite. 25), Canva (Seiten 34, 35, 36, 72)

Fotos: Shanti Engelmayer www.cosmicgypsywoman.com, Tanja Suppiger, AdobeStock, Canva

Umschlaggestaltung: Minz, Agentur für visuelle Kommunikation GmbH
Lektorat: Sonja Schnatzer
Typografie und Layout: Sonja Schnatzer und Tanja Suppiger

Herstellung: Graspo CZ a.s.

ISBN: 978-3-033-08708-8

2. Auflage 2021

Weitere Informationen findest Du auf:

www.rauhnacht.ch

www.herzbauchwerk.ch

HerzBauchWerk

Die Kraft der Rauhnächte

Mit HerzBauchWerk durch eine magische Zeit mit alten Ritualen und neuem Bewusstsein

---

Tanja Suppiger

Inhaltsverzeichnis

Kapitel 8: Abschluss 183

KAPITEL 1
Die Rauhnächte und HerzBauchWerk

Herzlich willkommen, liebe Leserin!

Du hältst dieses Buch in deinen Händen, weil du dich dafür entschieden hast, dich mit den Rauhnächten zu beschäftigen. Was für eine wundervolle Entscheidung! Ich bin mir ganz sicher, dass du sie auf keinen Fall bereuen wirst und ich freue mich schon darauf, dich mit diesem Workbook auf eine magische Reise zu dir begleiten zu dürfen.

Falls dir die Rauhnächte nicht fremd sind, wirst du wahrscheinlich ziemlich schnell merken, dass hier bei HerzBauchWerk die Zeit zwischen den Jahren ein bisschen anders verrinnt. Das liegt daran, dass wir uns hier in diesem Workbook nicht nur mit den alten Ritualen und den traditionellen Rauhnächten befassen, sondern diese magischen Tage gleichzeitig nutzen, um wandelmutig zu werden und um dein Potenzial zu entfalten.

Dieses Workbook und der dazugehörige Onlinekurs haben es in sich und können, wenn du es auch zulässt, dein Leben auf eine wundersame Art und Weise verändern. Ich lade dich ein, diesem Workbook mit ganz viel Achtsamkeit und einem offenen Geist zu begegnen und es nicht nur zu überfliegen. Gib dir Raum, intensiv in die Worte, die einzelnen Rauhnächte und in deine Wahrnehmung einzutauchen.

Stell dir vor, dass du dich in dieser Zeit dir selber schenkst. Es gibt nichts zu erreichen, keine Vorgabe, alles richtig zu machen oder dich ganz genau an sture Regeln zu halten. Es gibt nur eine Regel: **Sei bereit, dich an dich selber zu verschenken!** Alles, was in der Zeit der Rauhnächte passiert, geschieht für dich und dein höchstes Wohl. Diese Zeit lädt dich dazu ein, für dich da zu sein, dir bewusst Zeit und Raum für deine Emotionen, deine Gedanken und deine Wahrnehmung zu nehmen.

Tief in deinem Innersten ist der Ort, wo die eigentliche Magie beginnt!

Mit diesem Workbook, HerzBauchWerk und den Rauhnächten wirst du dir deiner einzigartigen Kraft bewusst und entfesselst deine Magie.

Über HerzBauchWerk, die Rauhnächte und mich

Ich bin Tanja und lebe mit meinem Mann, unseren drei Kindern und dem Labradoodle-Rüden Momo im wunderschönen Luzerner Seetal in der Schweiz. Ich habe HerzBauchWerk im Sommer 2013 gegründet.

HerzBauchWerk ist der rote Faden in meinem Leben, durch den sich alles immer auf eine ganz wundersame Weise fügt. Es ist der Schatz, der mir 1979 mit meiner Geburt in die Wiege gelegt wurde und den ich lange nicht erkennen konnte, da er tief in mir schlummerte.

Mir ging es wie vielen von uns: Je älter ich wurde, desto dicker wurden die Schleier, die scheinbar meinen innersten Kern verdeckten. Meine Essenz, das, was ich ein HerzBauchWerk nenne, wurde nach und nach unter einer dicken Schicht von Glaubensmustern, Schutz- und Machtstrategien, unterdrückten Emotionen und einem aktiven Verstand begraben.

Es vergingen einige Jahre und irgendwann passierten drei unglaubliche Wunder: Ich wurde Mama! Die Geburten meiner Kinder haben in mir Schritt für Schritt vieles wieder aktiviert, das ich schon lange vergessen hatte. Es schien schon fast so, als hätte jede Schwangerschaft, jede weitere Geburt in mir Schicht für Schicht mein HerzBauchWerk freigelegt.

Durch unser erstes Kind durfte ich wieder lernen auf mein Herz zu vertrauen und auf meine innere Stimme zu hören. Mein Sohn hat mich aus einem Leben gerissen, das sehr stark strukturiert und nach aussen orientiert war. Ich fühlte mich jahrelang wohl in einer sehr männlich dominierten Welt, forderte mich selbst heraus, wollte Karriere machen, stark sein.

Ich verleugnete meine Weiblichkeit, meine Sensitivität und Sehnsüchte, meine Herzenswünsche. Ich hielt meine Kreativität sehr bedeckt, weil ich mir selbst beweisen wollte, dass ich der harten Welt da draussen standhalten und stark sein kann.

Heute weiss ich, dass mich mein Sohn schon sehr lange Zeit, bevor ich mit ihm schwanger wurde, begleitete und leitete. Wenn ich nun auf die letzten zehn Jahre zurückblicke, verlief alles nach Plan. Alles kam genau so, wie es kommen musste, auch wenn die Dinge manchmal sehr kompliziert erschienen.

So zum Beispiel der Tag im Jahr 2009: Ich fuhr zur Arbeit und mir war klar, dass ich HEUTE meinen ehrbaren Job als Nachfolgerin in der Leitung eines erfolgreichen Dentallabors kündigen musste. Damals konnte ich meine Kündigung auf keine Art und Weise erklären, schon gar nicht rational. Ich hatte weder ein anderes Jobangebot, noch die leiseste Ahnung, was ich in Zukunft tun würde. Das Einzige, was ich hatte, war die klare Stimme in meinem Inneren, die immer deutlicher sagte: *„Tanja, diese Firma ist nicht für dich bestimmt!“* So liess ich den Traum einer Selbstständigkeit als Zahntechniker-Meisterin fallen, liess meinen bisherigen beruflichen Fokus los und ging weiter. Es brauchte noch ein Weilchen, bis ich erkannte, dass meine Zukunft nicht im Herstellen von Zähnen oder Karriere-Machen im klassischen Sinn lag. Und das ist auch gut so.

Heute weiss ich, dass zu diesem Zeitpunkt mein Herz damit begann, wieder in seine Kraft zu kommen. Langsam nahm es Kontakt mit mir auf, um mit mir zu kommunizieren und mir Schritt für Schritt den Weg zu meiner Essenz zu zeigen. Durch Entscheidungen, die ich mit meinem Verstand nicht erklären konnte, fand ich einen ganz neuen Zugang zu mir und tiefes Vertrauen in mein Sein. Gleichzeitig entschied eine kleine Menschenseele, mich zum ersten Mal zur Mama werden zu lassen.

"Ich danke dir, lieber Nael, dass du mein Herz durch deine Besuche, deine Zeichen und schlussendlich durch deine Geburt aktiviert hast."

Unsere erste Tochter Nova hat in mir mein BauchGefühl, meine Intuition wachgeküsst. Durch sie darf ich noch heute so vieles erkennen, darf beobachten, wie wild, frei und kraftvoll Mädchen sein können, wie wichtig es ist, zu seinen Gefühlen zu stehen und ihnen freien Lauf zu lassen – auch wenn sie mal heftig, laut und unberechenbar sind. Nova hat mich wieder ins Fühlen gebracht. Sie hat mich voll und ganz in meine weibliche Energie zurückgeholt und mir gezeigt, welche heilenden, transformierenden und magischen Kräfte eine selbstbestimmte Geburt in jeder Frau wachküssen kann.

Jeder Mensch besitzt in seinem Inneren ein intuitives Wahrnehmen. Die Intuition ist ein sehr scheues Wesen. Ist sie von lauten Gedanken und unterdrückten Gefühlen bedeckt, fällt es sehr schwer, sie wahrzunehmen und ihr zu lauschen.

"Danke Nova, dass du mich immer wieder zurück in mein Selbst-Vertrauen holst."

An einem kühlen Februar Morgen sass ich im Jahr 2016 vor meinem Laptop und nahm meinen ganzen Mut zusammen, um meinen allerersten Blogartikel zu schreiben.

Ich war gerade mit dem dritten Kind – unserer Tochter Enie – schwanger und beschäftigte mich stark mit dem Thema „Selbstbestimmtes Gebären". Ein Freund von hatte schon eine Weile auf mich eingeredet, um mich vom Bloggen zu überzeugen. Die Welt da draussen bräuchte Geschichten wie meine. Lange sträubte ich mich dagegen. Zu wenig Zeit. Keine Ahnung von Homepage und Technik. Ich kann nicht schreiben. Was, um Himmels willen, soll ich erzählen?

An diesem Morgen schienen alle Bedenken und Ängste wie weggeblasen. Meine erste Homepage erblickte überraschend schnell das Licht der Welt. Doch wie wollte ich sie nennen? Da war er wieder, der Name, welcher mir schon zwei Jahre zuvor in meiner Schwangerschaft mit Nova zugeflogen ist: HerzBauchWerk. Mit der Geburt von Enie aktivierte ich ganz bewusst meine Kreativität, den Werk-Aspekt. Ich erlaubte mir, meine Freiheit als Mutter und Selbstständige zu leben und gebe mich noch heute Schritt für Schritt meinen kreativen Prozessen hin.

"Danke Enie, dass du mich immer daran erinnerst, dass wir Menschen freie Wesen sind, die in kreative Prozesse eintauchen müssen, um ihre Einzigartigkeit zu entdecken und unser Potenzial in diesem Leben zu entfalten."

Heute, ein paar Jahre später, lebe ich mein HerzBauchWerk immer mehr und mehr. Und ich bin mir sicher, dass ich ein Leben lang brauchen werde, um immer tiefer in mich, meine Essenz, meine Wahrnehmung und meine Kreativität einzutauchen.

Und so schreibe ich an einem wunderschönen Frühlingstag diese Worte mit dem tiefen Wunsch in mir, dir ein Stück der HerzBauchWerk-Formel weiterzugeben. Es ist mir dabei sehr wichtig, dass du weisst: Ich möchte dir weder MEIN HerzBauch-Werk überstülpen noch dich in ein stures Konzept hineinpressen. Mitnichten, das wäre viel zu einfach.

Es geht darum, dass dich HerzBauchWerk dazu inspiriert, dich auf eine ganz neue, tiefe Art und Weise zu erkennen und zu leben – mit all den Ecken und Kanten und den Sonnen- und Schattenseiten, die du mit in dieses Leben bringst.

Wir alle sind göttliche Wesen, verbunden mit allem, was ist. Davon bin ich zutiefst überzeugt. Und doch sind wir hier auf dieser Erde als Menschen geboren.

Das Universum – oder wenn du magst: das, was wir Gott nennen – möchte durch uns wirken und sich hier auf dieser Erde manifestieren. Wir dürfen Kanal sein für Himmel und Erde. Ein kraftvolles Werkzeug, das gar nicht viel tun muss, sondern aus seinem tiefsten Sein heraus handeln darf.

Ich glaube an eine bessere Welt und daran, dass die Kinder, die heute auf diese Erde

bild: Anne Gabriel-Jürgens für "wir Eltern"

kommen, unsere grössten Lehrer sind. Wir müssen nur bereit dazu sein, ihnen tief in die Augen zu schauen, um in ihnen ihre Meisterhaftigkeit erkennen zu können. Wenn wir uns nicht mehr über sie stellen, sondern uns im Spiegel, den sie uns Tag für Tag schenken, betrachten, dann können wir ES erkennen:

Das kleine, innere Kind in uns, das dank und mit ihnen freudvoll, in Liebe und Vertrauen heilen darf. Sei bereit für die Reise zu dir – in dein HerzBauchWerk – und du wirst die grössten Wunder erleben. Vielleicht noch grössere, als ich sie gerade mit der Entstehung dieses Buches erleben darf.

HerzBauchWerk verbindet Bewusstseinsarbeit, Potenzialentfaltung, Achtsamkeit, Tiefenentspannung, Quantenheilung, Kunst, Kreativität und Sensitivität zu einem wirkungsvollen Instrument, das dir dabei hilft, deinen innersten Kern zu erkennen, zu entfalten und selbstbewusst zu leben.

Wie dieses Buch entstand

Den Rauhnächten begegnete ich das allererste Mal vor einigen Jahren im Internet.

Ich las von Kelten und Germanen und deren Festen und war sofort fasziniert. Die Geschichten über diese mystische „Zeit zwischen den Jahren" entführten mich in eine andere Welt und ich genoss es, die Weihnachtstage mit den Bräuchen der Rauhnächte einmal ganz anders zu verbringen als gewohnt.

Während ich in die Rauhnächte eintauchte, passierte für mich etwas Faszinierendes, etwas, das für mich zwischen Weihnacht und Neujahr praktisch unmöglich erschien: *Ich kam zur Ruhe.*

Die alten Rituale, die alten Weisheiten und das bewusste Zeit nehmen für mich selbst haben in mir einen Raum erschaffen, der seinen ganz eigenen Zauber in meine Weihnachtszeit brachte. Es war genau dieser Zauber, diese Magie, die mich seither Jahr für Jahr in seinen Bann zieht.

Mit den Rauhnächten fand ich eine kraftvolle Art und Weise, mich von dem alten Jahr gebührend zu verabschieden, indem ich seine Geschichte nochmals Revue passieren und es anschliessend dankbar ziehen liess.

Gleichzeitig bereitete ich mich auf das neue Jahr vor, machte mir Gedanken darüber, wohin ich meinen Fokus in den nächsten zwölf Monaten lenken wollte.

Dieser bewusste Abschluss, gepaart mit einem mutigen Vorwärtsblick in die Zukunft, veränderte mein Leben grundlegend: *Die Wünsche, die aus meinem Ritual übrig blieben und für die ich die Verantwortung trug, gingen auf wundersame Art und Weise in Erfüllung.*

Die Notizen und Orakeldeutungen, die ich in den einzelnen Rauhnächten festhielt und in den dazugehörigen Monaten wieder las, passten wie die Faust aufs Auge zu der Zeit, in der ich mich Wochen und Monate später befand. Wie konnte das sein?

Ich bin mir im Herzen gewiss, dass es einen guten Grund gibt, weshalb wir die besinnliche Weihnacht in einer Rauhnacht feiern. Vielleicht ist es für uns Zeit, wieder „*back to the roots*" zu gehen und die Feiertage in Verbindung mit der Natur und unserem inneren Spirit zu feiern.

Das achtsame Erleben und Zelebrieren der Rauhnächte hat mir das ins Leben zurückgebracht, wonach ich mich unbewusst immer sehr gesehnt habe: Ruhe, Entspannung, Innenschau, die Verbundenheit zu mir. Annehmen und loslassen von dem, was ist, und mich bewusst vom Alten verabschieden, um das Neue im Leben willkommen zu heissen.

Dieses Buch möchte dich nicht nur durch die Rauhnächte und -tage begleiten, sondern auch gleich das kommende Jahr mit dir verbringen.

Es ist aus meinem grossen Rauhnächte Online Retreat entstanden. Einem dreiwöchigen Programm, in dem du von mir ganz persönlich durch die Rauhnächte begleitet wirst. Wenn du also noch tiefer in deine magische Zeit zwischen den Jahren eintauchen magst, dann kannst du im Rauhnächte Retreat spannende Impulsvideos, zusätzliche Live Calls, Meditationen und eine unterstützende Community geniessen. Mehr Informationen dazu findest du hier:

Leserinnen erhalten mit dem Code ***buch_rn_rabatt*** *das Online Retreat günstiger.*

Dieses Buch ist ein kraftvolles Workbook, dass dich unterstützt, deine Erkenntnisse festzuhalten, deine Wünsche und Träume bewusst werden zu lassen und die Magie der Rauhnächte ein Jahr lang immer wieder zu nutzen, um dein Leben bewusst und achtsam zu gestalten.

Du hast also die grandiose Möglichkeit, den Zauber dieser magischen Zeit mit dem Jahreskreis zu verbinden und in dir wirken zu lassen.

Falls du jemand bist, der traditionelle Weihnachten liebt, möchte ich dir noch etwas ganz wichtiges mitteilen: du musst deine Weihnachten nicht gegen die Rauhnächte eintauschen! Beide Traditionen können gut nebeneinander existieren und sich auf wundersame Weise ergänzen.

Ach ja, und noch etwas: Du hast es sicherlich schon bemerkt, dass ich dich in der DU-Form anspreche. Sie ist mir sympathischer. Zudem richte ich mein Wort in diesem Buch an Frauen. Das mache ich bewusst vor dem Hintergrund, dass ich in meinem Wirken hauptsächlich Frauen begleite. Es wäre also irgendwie super komisch für mich, wenn ich nun plötzlich nur für dieses Buch die männliche Form ansprechen würde.

Ich finde, dass es genügend Bücher gibt, die die männlich geprägte „neutrale" Sprache gebrauchen. Also lieber Mann oder diverser Mensch fühle dich von mir bitte nicht „ans Bein gepinkelt".

Dieses Buch richtet sich in seiner Sprache nicht deshalb an Frauen, weil ich Männer oder divers geborene Menschen nicht mag, sondern ich spreche einfach gerne das Weibliche an. Eine Seite, die sicher auch in dir vorhanden ist, lieber HerzBauchWerker.

Der Ursprung der Rauhnächte

Die Rauhnächte werden auch die „Zeit zwischen den Jahren“ oder die „Zeit zwischen den Zeiten“ genannt. Man vermutet, dass dieses Brauchtum seinen Ursprung in der unterschiedlichen Zeitrechnung des Mondjahres und des Sonnenjahres hat. Ein Jahr aus zwölf Mondmonaten umfasst nur 354 Tage, während ein Sonnenjahr in der Regel 365 Tage zählt.

Die elf Tage, beziehungsweise zwölf Nächte, die zwischen diesen beiden Jahresrechnungen liegen und diese Lücke füllen, nennt man Rauhnächte.

Die Wintersonnenwende läutete damals mit der längsten Nacht diese dunkle und mystische Zeit ein und unsere Ahnen liessen sich in das erstarrte, kalte, tiefe und unendliche Schwarz fallen.

Die Rauhnächte stellten einen Ausnahmezustand dar und luden die Menschen dazu ein, den Winter mit seiner klirrenden Kälte, den schwarzen rauhen Nächten und seiner Totenstarre bewusst wahrzunehmen.

Die Menschen zogen sich zurück, schützten ihre Familien und ihr Vieh, sassen am wärmenden Herdfeuer und erzählten sich Geschichten. In der Dunkelheit der Winternächte fühlten sich unsere Ahnen mit ihrem Spirit noch tiefer verbunden. Es gab keine Felder zu bewirtschaften und so hatte man wieder mehr Zeit für sich.

In der Zeit zwischen den Jahren schien sich das weltliche Leben stark mit all dem Unerklärlichen zu verweben, schienen die Geister der Ahnen und der Natur besonders nah und die Grenze zu den anderen Welten durchlässiger denn je.

Damals hat man aber auch Haus und Hof ausgiebig geräuchert, um sie zu reinigen und vor bösen Dämonen zu schützen. Man vermutet, dass der Begriff „Rauhnacht“ vom Räuchern abgeleitet wurde.

Möglicherweise stammt er auch von den „ruuchen“ Nächten; sie waren rauh, kalt, finster und eisige Winterstürme tobten über das Land. Es wurden der alte Brauch des Orakelns zelebriert, hell gesehen und die guten Zukunftsgeister heraufbeschworen.

Die Vorhersagen bezogen sich auf das kommende Jahr, wobei jede Rauhnacht einem Monat im Folgejahr zugeschrieben wurde.

Die erste Rauhnacht steht also für den kommenden Januar, die zweite für den Februar usw. Auch wir werden in diesem Workbook diesen Brauch übernehmen und die Rauhnächte dazu nutzen, für das neue Jahr zu orakeln.

Auch wenn viele Überlieferungen aus der alten Zeit verloren gegangen sind, wirkt auch heute noch der Spirit der Rauhnächte auf seine ganz besondere Art auf uns. Diese Zeit lädt uns dazu ein, uns auf das Wesentliche zu konzentrieren, das, was war, bewusst abzuschliessen und unser Bewusstsein dafür zu öffnen, was auf uns zukommen mag, wenn die Tage wieder länger und wärmer werden.

Die Zeitrechnung während der Rauhnächte

Etwas sehr Wichtiges musst du für die Zeit der Rauhnächte verstehen:

Aus den Tagen werden Nächte!

Wenn wir von der Rauhnacht vom 24. Dezember sprechen, dann startet der „Rauhnachttag“ am 24.12. mittags um 12.00 Uhr und endet am 25. Dezember mittags um 11.59 Uhr. Eine Rauhnacht findet also immer zwischen zwei Tagen statt.

Die erste Rauhnacht in der Nacht vom 24. auf den 25. Dezember, die zweite in der Nacht vom 25. auf den 26.12. etc.

Falls du die Rauhnächte noch intensiver erleben und von mir durch die spezielle Zeitrechnung geführt werden möchtest, empfehle ich dir das grosse Online Retreat. Du bekommst in der Zeit der Rauhnächte jeden Mittag von mir eine Erinnerung und wirst so ganz sicher keine Rauhnacht mehr verpassen!

KAPITEL 2
Alte Rituale und neues Bewusstsein

Rauhnächte und HerzBauchWerk – wenn alte Rituale auf neues Bewusstsein treffen

Die Welt ist im stetigen Wandel und jede Epoche trägt ihre ganz eigene Energie in sich.

So waren die Rauhnächte vor tausenden Jahren noch etwas ganz anderes als heute.

In der Zwischenzeit haben Religionen, Wissenschaft, der industrielle Fortschritt und ein immer schneller fortschreitendes Bewusstseinswachstum die Zeit zwischen den Jahren so verändert, dass wir uns nicht mehr in unserer warmen Stube einschliessen müssen in der Hoffnung, dass wir nicht erfrieren und unsere Vorräte bis zu den wärmeren Tagen ausreichen werden.

Die Welt hat sich verändert. Statt in den Tagen zwischen den Jahren eine zeitlose, ruhige und besinnliche Zeit in Verbindung mit sich selbst zu verbringen, hetzen wir oft von der einen Familienfeier zur nächsten, besorgen auf den letzten Drücker noch Geschenke und kommen irgendwie nicht zur Ruhe.

Kaum sind die letzten Geschenke ausgepackt, heissen wir schon das neue Jahr willkommen und im Handumdrehen dürfen wir wieder in den noch hektischeren Alltag eintauchen und zur Arbeit fahren.

Eines ist ganz sicher: Wir können die Rauhnächte nicht mehr so verbringen wie dies unsere Vorfahren taten, weil unser Leben sich so grundlegend von dem ihren unterscheidet.

Viele der Bräuche aus dieser alten Zeit beruhten auf einem Aberglauben. Zum Beispiel, dass während der Rauhnächte keine Wäsche gewaschen werden durfte, weil wenn sie draussen in der Dunkelheit hängen blieb, sich darin wilde Geister verfangen hätten können.

Keine Sorge: Natürlich darfst du heute deine Wäsche auch zwischen den Jahren waschen. - Aber vielleicht nimmst du dir die Freiheit, die Qualität dieser Tage für dich zu nutzen und so viele Alltagsarbeiten wie nur möglich liegenzulassen, um dir Zeit und Raum für dich zu nehmen. Vielleicht erschaffst du dir sogar einen physischen Raum, um die Ruhe, die Entspannung und die Qualität des "in sich hinein Horchens" voll und ganz zu zelebrieren.

Nicht die Rauhnächte sind magisch, sondern du und dein bewusstes Sein sind es. Dein achtsames Eintauchen in diese Zeitqualität lässt deine inneren Kräfte für dich wirken und küsst deine ganz eigene Magie wach.

Die HerzBauchWerk-Formel lässt sich unglaublich gut mit der Qualität der Rauhnächte verbinden.

Genau aus diesem Grund ist dieses Workbook entstanden. Es ist nicht nur einfach ein hübsches Buch, sondern ebenso ein roter Faden der dich unterstützt, dich während der nächsten zwölf Monate immer wieder mit der Kraft, der Essenz und der Magie in dir zu verbinden.

Wir spüren noch immer instinktiv die Magie der Rauhnächte in unserem Blut. Am Ende des Jahres sind wir grundlegend offen dafür das Alte loszulassen, uns Gedanken darüber zu machen, wohin unser Weg gehen soll und was wir in unserem Leben ändern wollen.

Die HerzBauchWerk-Formel unterstützt dich darin, dich wieder als ganzheitliches Wesen wahrzunehmen. Ich zeige dir, wie du dich von der Suchenden im Aussen zur wandelmutigen Erforscherin deines innersten Kernes verwandelst. Wir werden gemeinsam die Schwingungen der Rauhnächte nutzen, um Bewusstseinsräume zu eröffnen, in denen du deine intuitive Wahrnehmung verstehen, dem Ruf deines Herzens folgen und deine Berufung spüren kannst.

In den Rauhnächten wirst du deiner Essenz und deinem Potenzial ein Stück näherkommen, und ich zeige dir, wie du im nächsten Jahr dein Leben bewusst und achtsam gestalten kannst.

Entfalte dein HerzBauchWerk und schenke dich dir selber

Ich möchte dich mit diesem Workbook dazu einladen, eine neue Sichtweise auf dich und dein Leben zuzulassen.

Du bist viel mehr, als du dir vorstellen kannst. Dein HerzBauchWerk zu entfalten bedeutet, dich gleichzeitig deiner Essenz zu öffnen, dem eigenen Bauchgefühl intuitiv zu vertrauen und deinen Geist für alle die Inspirationen, die dir das Universum schenken möchte, zu öffnen.

Ein offenes Herz, ein offener Wille und ein offenes Denken sind die drei Zutaten die es braucht, um wandelmutig zu werden und sich dem Fluss des Lebens hingeben zu können.

Überall dort, wo du festhältst, im Widerstand bist oder flüchtest hinderst du dich bewusst oder unbewusst daran, die Dinge zu verändern.

Ich nutze die alten Rituale der Rauhnächte als unterstützende Kraft in diesem Prozess des Wachwerdens. Sie geben dir einen Rahmen, um dein Potenzial in zwei Wochen zu erkennen und zu entfalten.

Jede Veränderung und jedes Erkennen haben ihren Ursprung in dir. Wir werden gemeinsam immer von deinem inneren Sein ausgehen. Es ist die Grundlage für deinen Wandel und wird dich automatisch in ein neues, kraftvolles Tun im Aussen bringen.

Die alten Traditionen

Die Rauhnächte haben eine uralte Tradition und Traditionen sind etwas sehr Wertvolles und Bereicherndes.

Ich werde viele kraftvolle Rituale aus der alten Zeit in diesem Workbook einfliessen lassen. So werden wir vom Grundprinzip dieser Zeit nicht abweichen und es dazu nutzen, in die Stille zu gehen, Antworten in dir zu finden, das, "was in der Luft liegt", zu spüren und zu orakeln. Wir machen dies aber auf unsere eigene Art und Weise. Oder besser gesagt, du machst es auf *deine* Art und Weise. Das Prinzip des freien Bewusstseins, wie ich es mit HerzBauchWerk lehre, lässt ganz viel Spielraum und ist niemals dogmatisch. Stell dir dabei einfach vor, dass dein Bewusstsein ein Freilerner ist. Je freier, entspannter und offener du wirst, desto schneller wird es sich dir auch zeigen und dir klare, präzise Antworten schenken. Damit dir das Orakeln leichter fällt, habe ich dir in jeder Rauhnacht eine Seite mit passenden Fragen zusammengestellt.

Die Herzbauchwerk-Formel verbindet alte Traditionen und neues Bewusstsein, wodurch ein höchst transformativer Mix entsteht, der unserer heutigen Zeit entspricht. Wir werden also keine Tierknochen in ein Säckchen stecken, es schütteln, die Gebeine auf den Boden werfen und die Lage der Knochen als Zukunftsorakel deuten, wie das vielleicht unsere Vorfahren taten, sondern du darfst dir im Vorfeld ein schönes Kartenset besorgen und mit diesem arbeiten, wenn du magst.

Jede einzelne Rauhnacht hat ihre eigene Bedeutung und steht für einen Monat im neuen Jahr. Dieses Workbook ist absichtich in dieser Form entstanden, damit es dich nicht nur durch die Zeit zwischen den Jahren, sondern auch das ganze nächste Jahr hindurch begleiten kann. Ich lade dich ein, zu jedem Monatsanfang ein kleines Ritual für dich zu zelebrieren, um in Ruhe nachzuschauen, was du damals in der jeweiligen Rauhnacht für dich beobachtet und orakelt, was du geträumt und für den kommenden Monat als wichtig empfunden hast.

Das Räuchern ist eine ganz wertvolle, alte Tradition, die ich unglaublich gerne hier mit einbeziehe und auf die wir in einem separaten Kapitel näher eingehen.

Wenn du mit dem Räuchern nichts anfangen kannst oder in deinem Haushalt Menschen oder Tiere leben, die den Rauch nicht ertragen können, dann lass es bitte sein. Es gibt eine ganz wundervolle Alternative zum Räuchern, auf die ich später ebenfalls separat eingehen werde.

Die Rauhnächte sind eine Zeit, die dich dazu einlädt, für dich selbst ein tieferes Verständnis zu entwickeln, in deine Mitte und zur Ruhe zu kommen und um Antworten auf deine wichtigsten Fragen zu finden. Dieses Workbook und die Rauhnächte werden dich auf die Reise zu dir mitnehmen, wenn du bereit bist, dich voll und ganz an dich selber zu verschenken.

Je mehr du dich der Magie der Rauhnächte und deinem HerzBauchWerk öffnest, desto tiefer darf ihr Zauber für dich wirken.

Jetzt kommt das neue Bewusstsein ins Spiel

Je tiefer ich mich mit den Rauhnächten befasste und sie für mich zelebrierte, desto bewusster konnte ich wahrnehmen, dass eine Verbindung zwischen den Rauhnächten und der HerzBauchWerk-Formel besteht.

Wenn Menschen sich entscheiden, ihr Leben aus einer bewussten und achtsamen Perspektive neu zu gestalten, dann passiert magisches: Wandelmut macht sich in ihnen breit.

Mit der HerzBauchWerk-Formel habe ich ein Prinzip entwickelt, das diesen Wandel auf allen drei Ebenen unterstützt: auf der mentalen, der physischen und der emotionalen Ebene.

Wandelmut kann sich zu einer unbändigen Kraft entwickeln und dich dabei unterstützen, bewusst loszulassen was dir nicht mehr gut tut, deine Bedürfnisse zu erkennen, Selbstliebe zu finden und deine Zukunft selbstbestimmt zu gestalten.

Unsere Ahnen haben in der zeitlosen Zeit wohl nichts anderes gemacht, als das, was wir gemeinsam hier tun: Sie sind tief in sich gegangen und haben sich gefragt, welchen Ballast sie loslassen und wie sie das nächste Jahr gestalten wollen. Sie haben die Starre der Natur, die Kälte und die Dunkelheit dazu genutzt, um sich nicht mehr von der Welt dort draussen ablenken zu lassen und einen bewussten Raum für die Sprache des Herzens, des Geistes und der inneren Weisheit erschaffen.

In dieser Zeit haben sie ihre Kräfte gesammelt, Altes losgelassen und sich neu ausgerichtet. Genau das tun wir hier auf dieser Reise auch.

Die HerzBauchWerk-Formel nutzen wir als Bewusstseinskatalysator. Sie wird in die zwölf Rauhnächte mit einbezogen, damit dein Wandel auf allen drei Bewusstseinsebenen deines Seins geschehen darf:

In den ersten vier Rauhnächten lernst du deine *Essenz* kennen. Du findest heraus, wer du wirklich bist, verbindest dich mit deiner Mitte, deinem wahren Sein und lässt dein Ego allmählich die angezogenen Zügel des begrenzten Denkens lockern.

In den mittleren vier Rauhnächten lernst du auf dein *Bauchgefühl* zu vertrauen. Du verbindest dich mit deiner Intuition und beginnst damit, deine Wahrnehmung tief nach innen zu richten.

In den letzten vier Rauhnächten öffnest du dein Denken. Du lernst deinen *Geist* frei fliessen zu lassen, um deiner Berufung näher zu kommen. Du erkennst, dass du ein einzigartiges Wesen bist, das seine Freiheit hier auf Erden leben darf.

Vielleicht ist dieses Buch dein erster Berührungspunkt mit den Rauhnächten; vielleicht bist du auch schon eine alte Hexe, was das Zelebrieren dieser zeitlosen Tage angeht. Dieses Workbook folgt nur einer einzigen Regel:

Gestalte deine Rauhnächte nach deinem Gusto. Fühl dich hier ganz frei und folge einfach deiner Freude und deiner Kreativität. Sie sind die besten Wegweiser.

Wie du die Rauhnächte als roten Faden für dein neues Jahr nutzen kannst

Die Rauhnächte symbolisieren Abschluss und Neuanfang zugleich und wirken als magisches Band zwischen dem endenden und dem erwachenden Jahr.

Sie laden dich dazu ein, dich im neuen Jahr immer wieder mit ihrem Zauber und deinen Weissagungen für die einzelnen Monate zu verbinden. So kannst du deine Rauhnächte als roten Faden für den kommenden Jahreskreis nutzen.

All das, was dir in der jeweiligen Rauhnacht an Symbolen, Gedanken, Impulsen oder Erfahrungen wichtig erscheint, darfst du niederschreiben und festhalten. Vielleicht möchtest du sogar die eine oder andere Orakelkarte ziehen oder deine Träume notieren.

Wir beginnen unsere gemeinsame Reise am 21. Dezember

In diesem Workbook hast du die Möglichkeit, schon am 21. Dezember mit dem kürzesten Tag des Jahres das Einstimmen in die Rauhnachtszeit zu feiern. Den 22. und 23. Dezember nutzen wir ebenfalls als Vorbereitungstage, um dann vom 24. Dezember bis zum 4. Januar in die eigentlichen Rauhnächte einzutauchen. Den 5. Januar erleben wir bewusst als Abschlusstag.

Die Jahreskreisfeste

Die Kelten und Germanen verstanden ihre Zeitrechnung nicht linear, sondern zyklisch.

Das Jahr beschreitet einen immer währenden, unendlichen Kreislauf und in diesem Kreislauf markieren acht Wendepunkte die Jahresabschnitte.

Diese Wendepunkte werden mit vier Sonnen- und vier Mondfesten gefeiert.

Dies sind die vier Sonnenfeste:

Wintersonnenwende (Alban Arthuan oder Jul) und die längste Nacht am 21. Dezember
Sommersonnenwende (Litha) und der längste Tag am 21. Juni
Frühlings-Tagundnachgleiche (Ostara) am 21. März
Herbst-Tagundnachtgleiche (Mabon) am 22. oder 23. September

Zwischen den vier Sonnenfesten lagen die vier Mondfeste.

Maria Lichtmess (Imbolc) am 2. Februar
Walpurgisnacht (Beltane) am 1. Mai
Schnitterfest (Lughnasad oder Lammas) am 1. August
Allerheiligen (Samhain) am 1. November

Die Sonnen- und Mondfeste wurden damals nicht an bestimmten Daten gefeiert, sondern unsere Ahnen richteten sich nach dem Sonnen- oder Mondstand. So feierte man die Mondfeste ursprünglich an den Vollmondtagen oder im Fall von Samhain wahrscheinlich an einem Neumondtag.

Auch die Rauhnächte waren damals nicht an ein Datum, sondern an das endende Mondjahr beziehungsweise das beginnende Sonnenjahr gebunden.

Vielleicht hast du Lust, dein kommendes Jahr nach dem Jahreskreis zu richten und dir die Mond- und Sonnenfeste freizuhalten, um ein kleines Ritual für dich zu feiern. Ich persönlich mag diese Feste sehr, denn sie bedeuten einen energetischen Umschwung, für den wir uns bewusst einen Moment Zeit nehmen, damit wir mit dem Zyklus des Jahres mitgehen können.

Mit JahresWerk habe ich ein Online Programm geschaffen, in dem du auch nach der Zeit der Rauhnächte auf den Wellen der Zyklen weiter surfen und die Magie dieser Zeit ein ganzes Jahr lang erleben kannst.

Der Mond im Jahreskreis

Neben der Sonne spielt auch der Mond eine zentrale Rolle im Jahreskreis. Daher möchte ich dich dazu einladen, ihn als ganz besondere Kraft zu berücksichtigen. Schau mal im Kalender nach: Gibt es während der Rauhnachtszeit einen Voll- bzw. Neumond oder gar beides?

Der Mond ist unser zyklischer Begleiter, ein zyklisches Wesen wie wir Frauen. Die Italiener sprechen von *la* luna, die Franzosen von *la* lune und ich ganz gerne mal von der Mondin, denn sie gibt uns vor, wie das zyklische Leben funktioniert.

Wenn du dich als Frau einmal mit den unterschiedlichen Qualitäten und den Jahreszeiten in deinem Zyklus beschäftigt und diese vertieft hast, kann ich dir garantieren, dass dies ein ganz neues Licht, einen neuen Blickwinkel auf dein Frausein werfen wird.

Es gibt zwei wunderschöne, kleine Rituale zum Voll- und Neumond, mit denen wir die Magie des Mondes in unseren Jahreskreis und die Rauhnächte einbinden können:

Vollmondritual

Der Vollmond repräsentiert das volle Leben, die Fülle und die Dankbarkeit. Es ist immer wieder überaus heilend, in einer Vollmondnacht aufzuschreiben, wofür du in deinem Leben gerade sehr dankbar bist.

Wo spürst du ganz viel Fülle? Nimm dir in einer Vollmondnacht bewusst Zeit und Raum, um dich dem Gefühl von Fülle hinzugeben.

Falls du einen Garten besitzt oder einen schönen, stillen Ort in der Natur kennst, kannst du dir eine Spirale mit Steinen, Zweigen, Ästen oder Blumen legen. Die Spirale sollte begehbar sein und zwar so, dass du sie gegen den Uhrzeigersinn betrittst.

Verbinde dich während des Legens mit Mutter Erde, mit ihrer Kraft und mit all den guten Mächten und deiner Weiblichkeit. In der Vollmondnacht kannst du die Spirale dann rituell begehen. Dieses Ritual kannst du auch gut mit deinen Kindern zusammen machen und sie mit einbeziehen.

Selbstverständlich kannst du zu diesem Ritual auch räuchern.

Wenn du deine Spirale fertig gelegt hast, stellst du dich an ihren Anfang, bittest alle guten Kräfte, Geister, Engel oder Energien darum, dich zu unterstützen und zu begleiten. Mache den ersten Schritt in die Spirale ganz langsam und bewusst. Verbinde dich mit all den Dingen und Menschen, denen du vergeben möchtest und ganz allgemein mit dem, was du hinter dir lassen willst.

Konzentriere dich nun auf deinen Atem, deine Wahrnehmung, dein *Sein* und gehe ganz bewusst Schritt für Schritt tiefer in deine Spirale hinein, bis du in der Mitte angekommen bist.

Dort schüttelst du bewusst alles von deinem Körper ab. Du darfst es dir auch abstreichen oder dir vorstellen, wie du alte, schmutzige Kleider ausziehst.

Spüre deine Füsse, wie sie fest auf dem Boden stehen, mit Mutter Erde verbunden sind. Richte dich aus zum Himmel, schau in das Licht des Mondes, verbinde dich mit dem Universellen und all den Kräften und deinem Bewusstsein.

Verbinde dich mit dem Zentrum dieser Spirale, mit allen guten Gefühlen, mit deiner inneren Kraft, der Natur, der geistigen Welt. Spüre dein Vertrauen in dein Leben, die Liebe zu dir und die Freiheit deines Herzens.

Dann drehe dich bewusst um und fange damit an, Schritt für Schritt wieder aus der Spirale hinauszugehen.

Jeder Schritt steht für das Neue in deiner Zukunft, das, was du in dein Leben lassen möchtest. Der Mond unterstützt dich dabei, Altes ziehen lassen zu dürfen und Mut und Vertrauen in die Zukunft zu haben.

Zum Vollmond wie auch zum Neumond stelle ich liebend gerne ein Glas Wasser ins magische Vollmondlicht oder eben in die Dunkelheit der Neumondnacht und lege meine Heilsteine daneben.

Es ist jedes Mal eine richtige Wohltat, wenn ich das kühle, frische Mondwasser am Morgen trinke.

Falls du einen kleinen Rauhnächte-Altar aufgestellt hast, kannst du in der Voll- oder Neumondnacht die Dinge, die sich darauf befinden, in das Mondlicht oder den Mondschatten stellen.

Vielleicht findest du ein sicheres, trockenes Plätzchen draussen oder du stellst die Sachen vor deinem Fenster an eine Stelle, wo das Mondlicht hinein scheint.

So lädst du die Utensilien mit Mondenergie auf. Wenn du magst, kannst du auch dein Räucherwerk in die Energie des Mondes stellen.

Neumondritual

Der Neumond symbolisiert den Zyklusübergang. Ein alter Zyklus endet, ein neuer beginnt.

Schau zurück, was in den letzten 29,5 Tagen passiert ist. Wie ist es dir im letzten Mondzyklus ergangen?

Was möchtest du für den nächsten Zyklus, der mit dem Neumond beginnt, neu schöpfen?

Beobachte deinen eigenen Zyklus. Kann es sein, dass du um den Neumond herum deine Menstruation erwartest?

Falls ja, nutze die Gelegenheit, um in die Ruhe zu kommen, eine kleine Rückzugsoase für dich zu kreieren, um dich für deinen neuen Zyklus zu öffnen und dich dem Fluss des Lebens hinzugeben. Während des Neumonds darfst du dich der absoluten Leere, der Stille und der kompletten Hingabe öffnen.

Nimm dir in einer Neumondnacht Zeit, dich in deine inneren Räume zurückzuziehen, um einfach zu sein - still und voller Hingabe.

In meinem Wirken folge ich liebend gerne den Zeitqualitäten und Energien des Kosmos. Der Mond als unser nächster Begleiter im Universum hat einen grossen Einfluss auf unsere Erde. Ganze Meere bewegen sich in seinem Takt.

Vom Mond geht eine ganz spezielle Magie aus. In meinen Online Programmen webe ich die unterschiedlichen astrologischen und zeitenergetischen Einflüsse immer mit ein. Deshalb tragen die Rauhnächte, JahresWerk oder JuniMond jedes Jahr eine ganz eigene, neue Energie in sich. Meine Online Begleitungen sind genau richtig für dich, wenn du mehr über das zyklische Leben erfahren und das gezielt in deinem Alltag einbauen magst.

Online Retreat "Die Magie der Rauhnächte"

JahresWerk mit HerzBauchWerk

KAPITEL 3
Wie du die Rauhnächte kreativ gestaltest

Wie du die Rauhnächte zu deiner eigenen, magischen Zeit machst

Nach der HerzBauchWerk-Formel zu leben, heisst auch: Tief in sich einzutauchen und sich ganz bewusst in sich fallen zu lassen, sich den Energien und Themen, die gerade im Raum stehen zu öffnen und diese auf sich wirken zu lassen.

Dein Bewusstsein ist ein Freilerner

Das Prinzip von HerzBauchWerk öffnet in dir einen neuen Raum, in dem du dich frei erfahren und frei lernen darfst. Betrachte für die nächsten Tage dein Bewusstsein als einen Freilerner, der sich von allen Konzepten lösen und sich einfach nur sich selber öffnen und der Welt mit Staunen begegnen will.

Je mehr du dich der Zeit zwischen den Jahren, dir selber und deinem innersten Kern öffnest, desto intensiver wirst du deine Rauhnächte erleben. Dieses Workbook ist so aufgebaut, dass es dich Schritt für Schritt durch die HerzBauchWerk-Formel führt.

Du wirst dich selber auf eine ganz neue Art und Weise erfahren, indem du dein Herz für dich und dein Sein öffnest, tief verwurzelt und präsent in deinem Körper ankommst und deinen Geist, dein Denken für neue Möglichkeiten öffnest.

Dabei wirst du mit den Füssen fest verwurzelt auf dem Boden stehen, dein Herz weit öffnen und mitfühlend wahrnehmen können, deinen Blick zum Sternenhimmel ausrichten.

Mit grosser Wahrscheinlichkeit werden deine Rauhnächte nicht einfach am 5. Januar vorüber sein, denn diese Zeit wirkt nach, je intensiver du dich ihr hingibst. Das ist die pure Magie der Rauhnächte, oder besser gesagt, es ist *deine* Magie! Du trägst das Bewusstsein und die Bereitschaft in dir, um in den Zauber dieser Zeit einzutauchen.

Je mehr du dich diesen Tagen öffnen und hingeben kannst, desto kraftvoller wirst du sie verbringen.

Mach dir hier und jetzt das grösste Geschenk, das du dir machen kannst: Verschenke dich für zwei intensive, bewusste, klärende und achtsame Wochen an dich selbst.

Gib dir Raum zur Entfaltung

Die Zeit zwischen den Jahren eignet sich perfekt, um für sich einen Raum zu erschaffen, in dem es möglich ist, jeden Tag einen Moment bei sich anzukommen, inne zu halten, loszulassen und Mut zu schöpfen für einen Neuanfang.

Jedes Jahr das neu beginnt, bietet uns die Gelegenheit, ganz neu anzufangen, Dinge loszulassen, die uns nicht gut tun, unsere Bedürfnisse für ein glückliches, entspanntes Leben zu erkennen und für sie einzustehen.

Aber Achtung: Hier geht es nicht darum, sich irgendwelche oberflächliche Vorsätze fürs neue Jahr zu fassen, die nach ein paar Wochen im Sand verlaufen. Das hier geht sehr viel tiefer und kann dein Leben grundlegend in neue Bahnen lenken. Zolle dem Prozess der vor dir steht also genügend Respekt.

Um in die Veränderung zu kommen, musst du dir zuerst einmal Raum geben können. Physisch, wie auch geistig, im Innen, wie im Aussen.

Du musst bereit dazu sein, deinen tiefsten Wünschen, Fragen und Emotionen nachzugehen. Deine Magie, dein HerzBauch-Werk braucht Platz zur Entfaltung.

Versuche, die Rauhnächte und dieses Workbook mit allen Räumen, die dir zur Verfügung stehen, wahrzunehmen: mit deinem physischen Körper, deinem emotionalen Erleben und deinem offenen Geist.

Die Rituale, die Fragen, die Aufgaben in diesem Buch sind nicht dazu da, um einfach abgearbeitet zu werden. Nein, ich lade dich ein, sie voll und ganz in deinen Erfahrungsraum einzubeziehen.

Es gibt ein wundervolles Werkzeug, das dir helfen kann, dich auf allen Ebenen für die Rauhnächte zu öffnen. Es heisst Kreativität.

Die Kreativität hilft dir dabei, der Freude zu folgen und Dinge auf eine spielerische, leichte und physische Art und Weise wahrzunehmen. Jede von uns hat ihre eigene Form von Ausdruck und Kreativität.
Bitte denke jetzt nicht, dass du gar nicht kreativ bist. Entfalte dich in den nächsten Tagen und lasse deine Einzigartigkeit, dein Werk durch dich fliessen.

Entfache den Zauber der Rauhnächte, indem du sie für dich lebendig machst und sie so gestaltest, wie es sich für dich gerade am besten anfühlt.

Ich stelle dir in diesem Kapitel unterschiedliche Werkzeuge vor, um diese Entfaltungsräume mit deinem Bewusstsein zu füllen.

Zuerst werden wir uns die äusseren Entfaltungsmöglichkeiten anschauen, danach werde ich dir ein Werkzeug vorstellen, dass es dir ermöglicht, in deinen inneren, präsenten Raum auf einfache Weise einzutauchen: das *Sein*.

Dein heiliger Raum im Aussen

Um die Rauhnächte so richtig ins Hier und Jetzt zu holen, kannst du dir einen heiligen Raum, eine Ecke oder einen kleinen Altar gestalten, der dich an diese Zeit erinnert und dich dazu einlädt, dich ihr voll und ganz hinzugeben.

Du kannst dir eine kleine Ecke einrichten, jeden Abend eine spezielle Kerze anzünden oder als Ritual jeden Abend ein Bad nehmen – die eigenen heiligen Räume können ganz unterschiedlich aussehen.

Spüre in dich hinein was du brauchst, um in deine Magie der Rauhnächte eintauchen zu können. Viele Rauhnächterinnen richten sich für die Zeit zwischen den Jahren einen kleinen Altar ein, auf den sie ihre persönlichen magischen Gegenstände legen.

Vielleicht hast du auch Lust dir einen solchen Altar mit Bildern, Steinen, Figuren und Dingen, die einen persönlichen Wert für dich haben, einer Kerze und deinem Räucherwerk einzurichten.

Dieser besondere Ort repräsentiert deinen heiligen Raum und erinnert dich immer wieder daran, mindestens einmal am Tag ganz bewusst zu dir zu kommen, deine Mitte zu spüren, ins Sein zu gehen, bewusst zu atmen und für all das, was dir im Leben begegnet, dankbar zu sein.

Das brauchst du für deinen heiligen Raum:

- Wenn vorhanden, ein Zimmer oder eine kleine Ecke, in der du ungestört sein kannst.
- Eine oder mehrere Kerzen.
- Kleine, symbolische Gegenstände, die dich daran erinnern, in dein Sein einzutauchen und dich mit deiner Essenz zu verbinden.
- Vielleicht bietet dir dein Altar genug Platz, um alle deine Rauhnachtsutensilien wie dein Tagebuch, dein Räucherwerk, dein Wunschglas etc. zu lagern.

Dein Tagebuch

Wenn du deine Rauhnächte zum Orakeln für das neue Jahr nutzen möchtest, empfehle ich dir, all deine Gedanken, Träume und Erfahrungen während dieser Zeit in einem Tagebuch festzuhalten.

So kannst du deine Aufzeichnungen am Beginn der einzelnen Monate wieder hervornehmen. Vielleicht reicht aber auch der Platz in diesem Workbook vollkommen aus. Es ist so aufgebaut, dass du in jeder Rauhnacht Selbstreflexionsfragen direkt im Workbook beantworten und deine Erfahrungen notieren kannst.

Vielleicht brauchst du etwas mehr Platz für deine Gedanken und besorgst dir zusätzlich ein schönes Tagebuch, zum Beispiel zum Morgenseiten schreiben.

Das regelmässige Journaling oder Morgenseiten schreiben über die Rauhnachtszeit hinweg kann dir dabei helfen, Klarheit zu finden und deinen Fokus zu halten.

Morgenseiten schreiben geht folgendermaßen: Du stehst auf, und das erste, was du tust (neben dem Kaffee Trinken natürlich) ist mindestens eine DIN A4 Seite mit deinen Gedanken aufzuschreiben.

Morgenseiten müssen keinen Sinn ergeben. Sie sind dazu da, um sich einfach dem Schreibfluss und der inneren Wahrnehmung hinzugeben.

Hier noch ein kleiner Tipp für alle Schreibmuffel: Die meisten Handys haben eine Diktierfunktion oder man kann eine entsprechende App herunterladen. Vielleicht möchtest du deine Rauhnacht Erfahrungen auch einfach als Sprachnachricht oder als kurzes Video aufnehmen?

Anker setzen

Falls es dir schwer fällt, in deinen Ruhemodus zu kommen, gibt es die wundervolle Möglichkeit, sich Entspannungsanker zu setzen. Ein Anker hilft dir, einen Zustand der Entspannung, welcher du zum Beispiel in einer Meditation, einem Focusing oder Tiefenentspannung erreicht hast, zu konservieren. Im Wachzustand eingesetzt, erinnert sich dein Körper dank des Ankers wieder an diesen ruhigen Zustand und hilft dir dabei, wieder möglichst schnell zu entspannen.

1. Suche dir einen Anker aus.
Das kann ein Duftanker in Form eines selbst gemischten Duftsprays oder eines ätherischen Öls sein oder etwas Kleines zum Essen wie eine Rosine oder ein Gummibärchen. Aber auch eine kuschelige Decke oder ein besonders bequemes Kleidungsstück können als Anker dienen.

2. Gehe mit Hilfe einer Meditation oder deinem Sein,
in einen ganz entspannten Zustand. Achte darauf, dass du dich wirklich absolut entspannt und wohl fühlst und mit dir verbunden bist.

3. Leite dein Unterbewusstsein jetzt ganz genau an
und teile ihm in Gedanken mit, dass du dir nun einen Anker setzt, der dich im Wachzustand immer wieder an diesen Ort des bewussten Seins und der Entspannung zurück kommen lässt.

Kreativität

Keine Zeit eignet sich besser um kreativ zu werden, als die Rauhnächte.

Es geht nicht darum, dass du in den nächsten Tage ein Kunstwerk nach dem anderen zauberst. Es geht darum, dass du dir und deinem Sein Ausdruck verleihst.

In den letzten vier Rauhnächten, die sich mit den „Werk"-Aspekten befassen, werden wir bewusst tief in deine Kreativität eintauchen. Ich möchte dich aber jetzt schon dazu inspirieren.

Falls du also plötzlich Lust bekommst zu malen, zu schreiben, zu tanzen, zu basteln, zu singen oder dich auf eine andere Art und Weise kreativ auszudrücken: Nur zu, fang unbedingt damit an.

Geschenke an dich

Sich selber zwölf kleine Geschenke zu machen, die man dann im kommenden Jahr zu Beginn eines jeden Monates öffnet, ist ein wunderschönes Ritual, um sich selber regelmässig wertzuschätzen. Das Geschenk, das du dir dabei machst kann etwas ganz Einfaches sein, hier sind ein paar Beispiele:

- **Stärkende Worte und Gedanken schenken**: Schreibe zwölf Affirmationen, stärkende Gedanken oder Gedichte auf und lege sie jeweils in einen Umschlag, den du dann öffnest, wenn ein neuer Monat beginnt. Vielleicht gibt es in deinem Umfeld einen lieben Menschen, dem du deine zwölf Umschläge übergeben kannst und der dir diese immer zu jedem Monatsanfang per Post zusendet.

- **Sich kleine Verwöhnaufgaben schenken**: Schreibe zwölf Tätigkeiten auf, mit denen du dir für dich Zeit nimmst und dich selber verwöhnst. Das kann zum Beispiel ein Wellnesstag oder ein feines Essen mit dem Partner sein. Schreibe diese Tätigkeiten ebenfalls auf Zettelchen und verpacke sie in einen Umschlag oder eine kleine Schachtel aus dem bzw. aus der du jeden Monat ein Zettelchen ziehst.

- **Kleine Geschenke basteln**: Mische dir zum Beispiel zwölf verschiedene Badesalze mit Meersalz und ätherischen Ölen oder Blüten drin. Auch hier kannst du dir jeden Monat eines der Badesalze ziehen und dir ein spezielles Rauhnächte-Baderitual gönnen.

Es gibt noch ganz viele Ideen für kleine Geschenke, die dich daran erinnern, dir selber etwas Gutes zu tun.

Dies ist ein wunderschönes Ritual, um die Selbstliebe zu stärken.

Dein Wunschritual

Das Wunschritual ist wohl das beliebteste und gleichzeitig bekannteste Ritual der Rauhnächte. In diesem Ritual schreibst du dreizehn deiner innigsten Wünsche auf jeweils einen kleinen Zettel und verbrennst jede Rauhnacht einen davon, bis am Schluss nur noch ein Zettel übrig bleibt.

Die Wünsche, die verbrannt werden, übergibst du mit dem Feuer ganz bewusst dem Universum. Eine höhere Macht darf sich um sie kümmern. Der Wunsch, der zum Schluss des Rituals übrig bleibt, ist derjenige, für den du ganz persönlich die Verantwortung übernehmen darfst.

Das brauchst du für dein Wunschritual:

- **Dreizehn kleine Zettelchen**, auf die du bis spätestens am 24. Dezember deine Wünsche notierst.
- Ein **Gefäss zur Aufbewahrung deiner Wünsche**: das kann ein kleines Kistchen sein, ein Schälchen oder ein Glas.
- Eine **Kerze**
- Evtl. eine **kleine Schale oder einen Teller**, in der/dem du die Asche sammelst.

So bereitest du dein Wunschritual ganz einfach vor:

- Schreibe dreizehn deiner Wünsche für das neue Jahr auf je ein kleines Zettelchen und falte dieses so zusammen, dass du den Wunsch nicht lesen kannst und sie alle von aussen möglichst gleich aussehen.
- Sammle alle Zettel und bewahre sie in einem Körbchen, einer kleinen Schachtel oder einem Glas auf.
- Du startest mit dem Verbrennen des ersten Zettelchens am 24. Dezember. Bis dahin solltest du alle deine dreizehn Wünsche gesammelt und aufgeschrieben haben.
- In jeder Rauhnacht ziehst du nun ein Zettelchen und verbrennst es, **ohne den Wunsch zu lesen.**

Du musst dafür nicht extra ein grosses Feuer machen. Es reicht auch, das Zettelchen in einem Schälchen zu verbrennen.

Wenn du magst kannst du die Asche bis zum Schluss im Schälchen sammeln und sie dann der Erde, dem Wasser oder dem Wind übergeben. Wenn du alles richtig machst und keinen Zettel vergessen hast, bleibt nach der zwölften Rauhnacht – also am 4. Januar – noch ein Wunsch übrig. Diesen darfst du am 5. Januar öffnen und lesen.

Für diesen Wunsch, und dessen Erfüllung wirst du dich im nächsten Jahr höchst persönlich kümmern. Bewahre ihn so auf, dass du ihn nicht aus den Augen verlierst.

Das Orakeln mit Kartendecks

Wenn du magst, kannst du deine Aufzeichnungen in den Rauhnächten mit Tarot- und Orakelkarten ergänzen.

Es kann sehr bereichernd sein, Impulse aus den verschiedenen Kartendecks in dein Erleben der Rauhnächte einzubeziehen.

Das Verbinden mit dem Inhalt solcher Karten kann ein Thema oder einen Prozess intensivieren und neue Blickwinkel eröffnen.

Um dir das Orakeln zu erleichtern, habe ich dir in diesem Buch für jede Rauhnacht drei Fragen für deine Orakel- und Tarotkarten zusammengestellt. Sie sind auf die Themen der jeweiligen Kapitel abgestimmt und können dir dabei helfen, erste Erfahrungen mit dem Thema Orakelkarten zu sammeln.

Sieh dein Orakel als einen guten, weisen Freund und Berater, der dir Impulse zu deinen Erlebnissen oder konkreten Fragen schenkt.

Die Entscheidung, wie viel Glauben du diesem Freund schenken willst, liegt immer bei dir. Oft verstehen wir eine Karte die wir ziehen in ihrer Bedeutung erst dann, wenn das jeweilige Ereignis oder der jeweilige Monat, für den wir orakelt haben vor der Türe steht.

Im nächsten Kapitel werde ich noch detailliert auf die Themen Symbole, Orakeln und Träume während der Rauhnächte eingehen.

Wenn du noch mehr über das Thema Orakeln während der Rauhnächte erfahren möchtest, dann schau im grossen Rauhnächte Online Retreat vorbei. Dort habe ich für dich einen separaten Kursbereich dafür zusammengestellt.

Online Retreat "Die Magie der Rauhnächte"

Das brauchst du zum Orakeln:

- Tarotkarten
- Orakelkarten: Es gibt mittlerweile viele verschiedene, thematische Kartensets wie zum Beispiel Decks zum Thema Krafttiere, Göttinnen, Engel, etc.
- Runen

Lass dich von deiner Intuition leiten und wähle ein Set aus, das dich im Herzen anspricht.

Die Kunst des HerzBauchWerkens

Mit den Füssen fest auf dem Boden stehen, das Herz weit öffnen und den Blick zu den Sternen ausrichten

Eines der wichtigsten Werkzeuge, das dir im Laufe dieser Rauhnächte immer wieder begegnen wird, ist Focusing, HerzBauch-Werken oder *Sein*. Focusing hilft dir dabei, immer wieder in deine Präsenz einzutauchen und deine Wahrnehmung ganz bewusst nach innen zu richten. Im Gegensatz zu einer geführten Meditation **geht es im Focusing darum, voll und ganz im Körper anzukommen und seiner Weisheit zu lauschen**. In einer Meditation wird unser Geist auf eine Reise geführt, innere Bilder entstehen durch die Worte der Person, die die Meditation führt. Im Focusing bleibst du in der Stille, verbunden mit all dem was ist und nimmst einfach nur wahr, was sich dir in diesem Augenblick an Gedanken, Gefühlen und Empfindungen zeigen mag.

Um es einfacher zu machen nenne ich im Folgenden diesen Prozess ganz einfach *Sein*. *Sein* ist ein kraftvolles Werkzeug, um den inneren Raum während der Rauhnächte immer wieder aufrecht zu erhalten, in Beziehung zu dir zu treten, Entspannung zu finden und tief in dich hineintauchen zu können.

Einfach nur zu *Sein* kann dein Leben verändern. Lange Zeit habe ich nach einer einfachen Erklärung für das Gewahrsein gesucht, bis ich auf Focussing gestossen bin. Es erklärt in einfachen Schritten, wie du immer wieder alle Ablenkungen im Aussen loslassen und dich auf das Wesentliche fokussieren kannst.

Sein hilft dir dabei, deine Wahrnehmung zu schärfen, sie voll und ganz in den Körper zu holen und schützt dich so vor Reizüberflutung.

Ich möchte dich dazu einladen, dieses Werkzeug in den Rauhnächten (vielleicht auch darüber hinaus) als festes Ritual einzubauen, zum Beispiel bevor du ein nächstes Kapitel in diesem Buch liest.

Einfach nur zu Sein kann dein Leben verändern. Es hilft dir, deine Wahrnehmung zu schärfen und schützt dich vor Reizüberflutung.

Was ist Sein?

Gegenwärtig zu *Sein* ist eine besondere Art der erforschenden, annehmenden inneren Aufmerksamkeit. *Sein* ist praktizierte Selbstakzeptanz und unterstützt die Verbindung zu inneren Anteilen, Emotionen und Gefühlen.

Im *Sein* geht es nicht darum, Dinge verändern zu wollen, sondern grundsätzlich nur darum, ganz wertfrei zu beobachten. Veränderung ist nicht nötig. Alles, was du tust ist in dein *Sein* einzutauchen und dich deiner inneren Wahrnehmung zu öffnen.

Sein kann dir also dabei helfen, voll und ganz im Körper und in deiner inneren Wahrnehmung anzukommen, ohne diese auf irgendeine Art und Weise zu werten oder anders haben zu wollen. Du bist einfach im Hier und Jetzt mit allen deinen inneren Anteilen. Du trittst in Beziehung mit deinen Gedanken, deinen Emotionen und der Wahrnehmung deines Körpers, ohne irgendeine Bewertung darüber abzugeben.

Im *Sein* geht es darum, aufmerksam bei dem zu bleiben, was sich in diesem Moment gerade zeigt. Du wirst so ganz achtsam und trainierst ganz automatisch deine intuitive Wahrnehmung, welche hinter all den lauten Gedanken des Alltags still darauf wartet, von dir entdeckt zu werden.

Was bewusstes Präsent-Sein bedeutet

Nichts muss verändert oder in Ordnung gebracht werden. Du bist die Gastgeberin für dein *Sein*. Du musst nichts annehmen, verstehen oder loslassen, sondern einfach nur in deinem Herzen, deinem Denken und Fühlen offen sein und in der Präsenz bleiben.

Alles, was sich zeigen will, darf genauso da sein, wie es ist. Nichts muss sich verändern. Es geht nicht darum, etwas anders haben zu wollen, sondern voller Präsenz mit dem zu sein, was ist.

Sein bringt dich in Beziehung zu dir

Sein bietet dir einen Erfahrungsraum, der es dir erlaubt, die Beziehung zu deinem inneren Erleben zu erforschen.

Es gibt grundsätzlich drei verschiedene Beziehungsformen, die du zu deinem inneren Erleben haben kannst.

Du kannst mit deiner Wahrnehmung identifiziert, von ihr getrennt oder in der Präsenz sein.

Weshalb nimmt Sein einen so wichtigen Stellenwert in den Rauhnächten ein?

Sein hilft dir dabei präsent zu werden und dich aus einer Beobachterrolle zu betrachten. Es schärft deine innere Wahrnehmung und hilft dir dabei, noch tiefer in deine innere Kraft und die Magie der Rauhnächte einzutauchen.

Mit *Sein* bzw. Präsenz erschaffst du dir deinen inneren, bewussten Raum. Es bildet die Grundlage für das neue Bewusstsein, welches in der Magie der Rauhnächte auf die alten Rituale trifft.

Ablauf von Präsent-Sein

Der Prozess des Seins findet in folgenden Schritten statt:

Sich im Körper verankern
Trete in Kontakt mit deinem Körper, spüre in ihn hinein. Bringe die volle Präsenz in deinen Körper und komme im Hier und Jetzt an.

Thema / Erfahrung auswählen
Was verlangt gerade nach Aufmerksamkeit, wie fühlt es sich in dir an? Lass dir Zeit und bleibe einfach offen und geduldig, um deinem Körper Raum zu geben, dir seine Signale zu senden. Spüre, wo es vielleicht körperliche Anspannung, Enge oder ein Druckgefühl gibt.

Anerkennen / Begrüssen was da ist
Begrüsse wertfrei, interessiert und offen das, was da ist oder was sich dir zeigen möchte, ganz egal, was es ist. Benutze dazu die Sprache der Präsenz. Nähere dich den Erfahrungen sanft und interessiert an.

Die aktuelle Erfahrung beschreiben und benennen
Finde die beste Beschreibung dafür, was du wahrnimmst. Versuche innerlich aus einer beobachtenden Position heraus zu benennen, zu beschreiben was da ist. Vielleicht zeigen sich dir auch innere Bilder und Symbole. Nimm einfach wahr. Spüre in deinem Körper nach, ob sich die Beschreibung passend anfühlt.

Dabeisein / präsent sein bei dem, was in dir ist
Leiste dem was ist geduldig Gesellschaft. Schenke dir deine ganze Aufmerksamkeit.

Innere Empathie / Einfühlen in das Gefühl, den Anteil in dir

Erspüre, wie es sich vom Standpunkt des inneren Beobachters anfühlt, wenn du einfach nur wertfrei wahrnimmst. Vielleicht bietet dir die Situation die Möglichkeit, mit den Anteilen, die sich dir zeigen, ins Gespräch zu kommen. Erforsche empathisch, was diese Anteile gerade brauchen. Du musst diesen Teilen weder eine Lösung anbieten, noch etwas versprechen. Es reicht, ihnen einfach nur zuzuhören. Sollten im Verlaufe des Prozesses weitere Teile auftauchen, die etwas nicht wollen oder wenn Ängste, Veränderungswünsche oder andere Gefühle oder Anteile auftauchen, kannst du auch diese genauso mit in den Focussingprozess miteinbeziehen. Auch diese Anteile brauchen deine liebevolle, wertfreie Präsenz. Wenn es einen Anteil mit herausfordernden Gefühlen gibt, dann findest du meist auch einen zweiten Teil, der gegen den ersten ankämpft, ihn unter Druck setzt, versucht zu verändern, oder der versucht, dich vor dem ersten zu beschützen.

Prüfe, wann der richtige Zeitpunkt ist, um aufzuhören.
Versprich den verschiedenen Teilen, dass du wiederkommst.
Danke deinem Körper und den Teilen von dir, die mit dir dabei waren.

Einfach nur ein bisschen *Sein*. Es klingt irgendwie ganz simpel, stimmts?

Versuche, dir jeden Tag mindestens fünf Minuten für diesen Prozess zu schenken. Fünf Minuten, in denen du einfach nur für dich da bist und in deine Präsenz, in deine Wahrnehmung, in dein freies, bewusstes *Sein* eintauchst. Schon fünf Minuten täglich können dein Leben verändern, wenn du dazu bereit bist, sie konsequent durchzuführen

KAPITEL 4
Symbole, Orakel, Träume und Visionen

Symbole, Orakel, Träume und Visionen in den Rauhnächten

In den Rauhnächten konnten unsere Vorfahren in die Anderswelt blicken. Die Schleier zu einer Welt voller Mystik, Magie und Unerklärlichem schienen weit offen. Sie nutzten dazu eine Sprache, die es ihnen erlaubte, mit dieser Welt Kontakt aufzunehmen und ihre Botschaften zu verstehen. Es ist die Sprache der Symbole, der Orakel, Träume und Visionen. In den Rauhnächten wollen wir uns bewusst diesen Zeichen öffnen.

Das Orakeln kann in uns manchmal ein kleines, mulmiges Gefühl auslösen, weil wir gelernt haben, Tarotkarten und Orakel mit okkulten Themen zu verknüpfen. Falls dir beim Gedanken an Weissagungen nicht wohl ist, versuche in dich hinein zu spüren und herauszufinden, welche alten Glaubensmuster dieses ungute Gefühl in dir auslösen.

Wenn dich das Thema Orakeln interessiert, lade ich dich ein, folgende Haltung gegenüber den Symbolen, Träumen und Visionen einzunehmen: Es ist weder eine Kraft noch eine Person ausserhalb, die dir diese Zeichen zuspielt. Gehe immer davon aus, dass es dein Bewusstsein ist, welches dir die Symbole und Zeichen schenkt, die für dich gerade wichtig sind.

Am besten ist es, wenn du ganz offen und locker mit all dem, was sich dir in dieser magischen Zeit zeigt, umgehst. Versuche auch hier, ganz wertfrei zu beobachten und zu betrachten. Manche Symbole oder Karten verstehen wir erst dann so richtig in ihrer Bedeutung, wenn die Zeit für sie gekommen ist. Es kann also sehr gut sein, dass du dich ein bisschen darüber wunderst, was du in der jeweiligen Rauhnacht notiert hast. Glaube mir, ein paar Wochen später, wenn du mitten in dem Monat steckst, für den die jeweilige Rauhnacht steht, ist es gut möglich, dass all das, was du notiert hast, absolut Sinn ergibt. Probiere es einfach mal ganz spielerisch aus.

Hier noch ein paar Tipps zum Umgang mit Visionen, Träumen und Orakelkarten:

- Versuche beim Deuten auch immer wieder in dein Sein zu gehen und wahrzunehmen, was der Traum, das Zeichen oder die Vision mit dir macht. Schreibe auch alle deine Gefühle dazu auf.

- Versuche den Unterschied zwischen intuitiver Wahrnehmung und der Interpretation deines Egos zu spüren und vermeide es, zu interpretieren oder Schlüsse aus deiner Deutung zu ziehen.

- Schreibe einfach alles auf, was gerade aufgeschrieben werden will.

Die Welt der Symbole

Während der Rauhnächte Symbole zu entdecken, ist wahrscheinlich die unspektakulärste Art und Weise des Voraus-schauens.

In unserem Alltag begegnen wir tausenden Symbolen und für jeden können sie etwas anderes bedeuten. Ich kann mich zum Beispiel noch sehr gut an meine Grossmutter erinnern, die jedes Mal, wenn sie eine Krähe in unserem Garten sah, zusammenzuckte und mir erzählte, dass bald jemand sterben würde. Spannend ist, dass ich jedes Mal, wenn ich eine Krähe sehe, an diesen Satz denken muss. Die Aussage meiner Grossmutter war reine Interpretation. Vielleicht hat sie diesen Glaubenssatz schon von ihrer Grossmutter in die Wiege gelegt bekommen und gab ihn einfach unüberlegt an mich weiter. Krähen bedeuten in verschiedenen Kulturen etwas ganz Unterschiedliches. Für gewisse Indianerstämme sind sie zum Beispiel heilige Tiere. Je nach dem wo du nach der Bedeutung von Krafttieren oder Symboliken suchst, wirst du unterschiedliche Informationen finden.

Deshalb möchte ich dich dazu einladen, in deine Symbole so richtig reinzufühlen und herauszufinden, was sie für *dich* bedeuten.

Hier ein paar Tipps für das Deuten von Symbolen während der Raunächte:

- Öffne dich für alle Tiere, Gegenstände und Zeichen, die sich dir während der Zeit zwischen den Jahren zeigen.
- Folge und vertraue deiner Intuition. Sie zeigt dir ganz genau, wann ein Symbol einen Impuls für dich bereithält.
- Versuche nicht aus dem Verstand heraus zu deuten, was dein Symbol, dein Krafttier, deine inneren Bilder bedeuten könnten, sondern tauche ein in dein Sein und lass sie auf dich wirken. Schreibe aus dem *Sein* heraus die Beobachtung für dich in dein Tagebuch.

Ich möchte dich einladen, in deine Symbole so richtig reinzufühlen und herauszufinden, was sie für dich bedeuten.

Wie orakelt man richtig?

Über das Orakeln gibt es ganz viele unterschiedliche Theorien. Du kannst mit deiner Kaffeetasse orakeln, mit Runen oder mit Tarotkarten.

Ich persönlich liebe Kartendecks und habe für mich meine ganz eigene Art Karten zu legen entwickelt. Ich mache kein grosses Tamtam aus dem Ziehen meiner Karten, weil ich darauf vertraue, dass schon die richtige den Weg zu mir findet. Eines bleibt jedoch immer gleich: Bevor ich eine Karte ziehe, tauche ich ganz kurz in meine Präsenz ein, damit ich mir sicher sein kann, dass ich aus dem bewussten *Sein* heraus meine Karten auswähle.

Ich werde dir hier in diesem Workbook nicht erklären, wie du deine Orakelkarten ziehen musst. Finde für dich die richtige Weise, den richtigen Rahmen. Wenn du deine Karten gerne in einem kleinen Ritual ziehen magst, ist das in Ordnung. Zudem ist in den meisten Kartendecks die im Handel erhältlich sind, eine detaillierte Anleitung zum Ziehen der Karten beigelegt.

Wichtig dabei ist das Feeling: Auf jeden Fall sollest du beim Kartenlegen ein gutes Gefühl haben und darauf vertrauen können, dass sich die richtige Botschaft hinter deinen Karten verbirgt.

Wenn du grundsätzlich eine Abneigung oder ein ungutes Gefühl gegenüber Orakel jeglicher Art hast, empfehle ich dir, nicht zu orakeln.

Dein Unterbewusstsein ist automatisch im Widerstand zu all den Impulsen, die dir dein Deck geben wird. Es ist sinnlos, das Orakeln zu erzwingen, wenn man sich nicht wohl damit fühlt.

Hier eine kleine Anleitung für das Orakeln mit Kartendecks während der Rauhnächte:

- Ziehe für jede Rauhnacht mindestens eine Orakelkarte, es können auch zwei oder drei sein. Lasse dich in der Anzahl von deiner Intuition leiten. Manchmal braucht es mehr als nur eine oder zwei Karten.

- In diesem Buch habe ich dir für jede Rauhnacht eine Vorlage mit drei zum Thema passenden Fragen zusammengestellt. Wenn du magst, kannst du deine Orakelkarten nach diesen Vorlagen legen.

- Bevor du ein Kartendeck auswählst tauchst du in dein *Sein* ein, um dich mit deiner inneren Wahrnehmung zu verbinden.

- Wähle nun intuitiv das Deck aus, mit welchem du orakeln möchtest.

- Mische die Karten. Vielleicht möchtest du beim Mischen deine Augen schliessen und bewusst nochmals in dein *Sein* eintauchen. Falls beim Mischen Karten auf den Boden fallen, folge deinem Impuls. Ist dir diese Karte zugefallen? Ja? Dann wähle sie aus. Ist die Karte gerade nicht relevant? Nein? Dann lege sie wieder auf den Stapel und mische weiter, bis du den Impuls empfängst eine oder mehrere Karten zu ziehen.

Von Träumen und Visionen

Speziell in den Rauhnächten wird dem Träumen viel Beachtung geschenkt. Ich möchte dich dazu einladen, dich in den nächsten Nächten auf deine Träume zu konzentrieren, damit du sie jeden Morgen notieren kannst.

Was sind Träume überhaupt? Dazu könnte man sicher stundenlang psychologische Analysen und Definitionen lesen und viel nachforschen. Träume entführen uns jeden Abend in die geistige Welt, sie lassen unser Unterbewusstsein alle unsere Eindrücke verarbeiten. Jeder Mensch, jedes Tier, ja sogar jede Pflanze träumt.

Hast du es auch schon einmal geschafft, einen Traum nach ein paar Tagen oder Wochen weiter zu träumen? Ich finde es jeweils extrem spannend, wenn ich mich nach ein paar Wochen oder Monaten in einer altbekannten Traumwelt wiederfinde und meine Abenteuer dort fortsetze. Solche Traumverschiebungen finde ich immer sehr beeindruckend.

Träume aufzuschreiben kann sehr heilsam sein und viele neue Erkenntnisse in einem wecken. In einem Traumdeutungsbuch oder im Internet kann man nachforschen, was die eigenen Träume bedeuten. Lass deine Wahrnehmung aber nicht zu sehr von starren Deutungen beeinflussen. Ich finde es viel spannender, in sich zu gehen und für sich zu erspüren, was der Traum bedeuten könnte.

Vertraue mehr deiner Wahrnehmung als einem Traumdeutungsbuch.

Schreibe insbesondere in den nächsten Tagen deine Träume auf. Sie können dir Antworten für die Zukunft bringen und sind ein Bestandteil des Orakels für die kommenden Monate im neuen Jahr.

Deine Checkliste für bewusste Träume

- Versuche vor dem zu Bett gehen, bewusst zur Ruhe zu kommen. Mache dich in einem achtsamen Ritual bettfertig.
- Schalte – wenn möglich – WLAN, Handy, Fernseher oder Tablet aus.
- Komm im Bett zur Ruhe. Du kannst vor dem Einschlafen auch eine kleine Meditation hören oder ein Mantra singen.
- Atme ein paar Mal tief ein und aus, konzentriere dich auf dein Herzzentrum, erde dich und dehne dein Energiefeld aus. Stell dir vor, wie du mit jedem Atemzug Ruhe, Frieden und Gelassenheit einatmest und mit jedem Ausatmen alles loslässt, was du nicht bei dir behalten möchtest. Mach das drei- bis viermal.
- Verbinde dich dann mit dem Göttlichen, dem Universum oder der Quelle und schicke die Intention, diese Nacht bewusst und „klar“ zu träumen, in den Himmel. Stell dir vor, wie du dich am anderen Tag an alle deine Träume erinnerst und sie aufschreibst.

KAPITEL 5
Räuchern in den Rauhnächten

Alles Wichtige rund ums Räuchern

Wozu Räuchern?

Das Räuchern hat eine uralte Geschichte und Tradition und ist wahrscheinlich so alt, wie die Entdeckung des Feuers selbst. Es wurde in den alten Zeiten primär dazu genutzt, um den Duft zu Hause zu verbessern und Nahrungsmittel haltbarer zu machen.

Viele Traditionen wie Hochzeiten, Taufen und Bestattungen wurden in den alten Zeiten mit Räuchern begleitet. Bereits 3500 Jahre vor Christus wurde im alten Babylon Weihrauch zu spirituellen Zwecken verbrannt. Die Ägypter nutzten ihn als Arzneimittel und zur Mumifizierung. Auch im antiken Griechenland und Rom wurde geräuchert.

Den Ursprung der Rauhnächte vermutet man bei den Kelten, die zum Beispiel das Hexenkraut (Bilsenkraut) zur Abwehr böser Geister und Verwünschungen verräucherten. Als heiligste Pflanze galt damals jedoch die Eichenmistel, die als Räucherwerk dazu genutzt wurde, um negative Schwingung in lichte, höhere Energie umzuwandeln.

Mit dem Einzug des christlichen Glaubens wurden die Räucherrituale der Kelten und Germanen als heidnisch bezeichnet. Die Kirche nutzte aber selbst auch die heilende und bewusstseinserweiternde Wirkung von Weihrauch im religiösen Kontext.

In der heutigen Zeit nutzen wir gerne die Heilkraft des Räucherns, um Zuhause eine wohlige Atmosphäre zu schaffen, Räume und Orte zu reinigen und um uns zu besinnen. Räuchern ist eine wunderschöne Möglichkeit, Meditationen mit einem Duft zu begleiten. Die entspannende Wirkung kann dabei unterstützen, noch tiefer in das Unterbewusstsein einzutauchen.

Räuchern kann man auf verschiedene Arten und Weisen

Du kannst Kräuter, Harze oder Hölzer in einer klassischen Räucherschale mit Kohle oder in einem Stövchen verräuchern oder einfach ein paar Räucherstäbchen oder Smudge Sticks anzünden.

Lass dich auch bei der Wahl deines Räucherwerkes von deinem Gefühl leiten.

Räuchern mit Kohle und Räucherschale

Um Räume, eine Wohnung oder ein Haus mit Hilfe eines Räucherrituals zu reinigen empfehle ich dir, dies mit einer Räucherschale zu tun. Fülle die Schale mit Sand und einer glühenden Räucherkohle, auf die du ein reinigendes Räucherwerk legst. Im Gegensatz zum Stövchen entwickelt das Räuchern mit Kohle oder Räucherbüschel mehr Rauch, welcher für das energetische Reinigen von grossen Räumen besser geeignet ist. Natürlich kannst du auch einfach mit Kohle räuchern.

Ich persönlich bevorzuge im Alltag das sanfte Räuchern mit dem Stövchen.

Räuchern mit Smudge Sticks

Neben eigenem Räucherwerk kannst du dir während der Sommer- und Herbstmonate selbst Räucherbüschel zusammenstellen und trocknen. Smudge Sticks sind sehr einfach in ihrer Anwendung: Die Räucherbüschel werden zusammengebunden, getrocknet und in den Wintermonaten angezündet und verräuchert. Die bekanntesten Räucherbüschel sind die des weissen Salbeis zur Raumreinigung.

Sanft räuchern mit dem Stövchen

Ein Räucherstövchen, das sehr sanft räuchert, ist während der Rauhnächte bei mir täglich im Einsatz.

Stövchen ähneln Duftlämpchen. Der einzige Unterschied besteht darin, dass bei einem Stövchen anstatt einer Schale, in der Wasser und Duftöl verdunsten, ein kleines Netz über der Rechaudkerze aufgelegt wird, auf das man das Räucherwerk legt.

Wie oft soll ich während der Rauhnächte räuchern?

Ursprünglich wurde in jeder Rauhnacht geräuchert. Mir persönlich ist das ein bisschen zu viel, auch weil bei uns in der Familie nicht jedes Mitglied ein Fan vom Räuchern ist. Vor allem Kinder und Haustiere mit feinen Nasen empfinden das Räuchern oft als störend.

Oberstes Räucher-Credo: Weniger ist mehr. Es ist nicht sinnvoll, alle in deinem Umfeld mit deiner Räucherei abzuschrecken.

Nachfolgend findest du die wichtigsten Punkte rund ums Räuchern. Wenn du mehr zu diesem Thema erfahren möchtest, findest du im Online Retreat im Kapitel Räuchern eine detaillierte Schritt für Schritt Anleitung mit vielen Videos und wertvollen Tips rund ums Räuchern, die richtigen Räucherwerke und -arten.

Online Retreat "Die Magie der Rauhnächte"

Das Räuchern von Räumen, Wohnungen und Häusern

Das Räuchern von Räumen, Wohnungen und Häusern dient der energetischen Reinigung. Jeder Raum erzählt eine Geschichte. Je älter ein Haus oder eine Wohnung ist, desto mehr Energien befinden sich darin, die neutralisiert werden dürfen.

Mit dem Räuchern kannst du die Energien klären und harmonisieren. Wenn zum Beispiel deine Kinder plötzlich schlecht schlafen, hängt vielleicht noch ein Konflikt im Raum. War der letzte Besucher ein unangenehmer Gast, steht die nächste energetische Reinigung mit Hilfe des Räucherns an.

Reinigende Räucherstoffe sind:

Weihrauch, Salbei, Alantwurzel, Beifuss, Engelwurzel, Fichtenharz und Lavendel. Du kannst das Räucherwerk einzeln, gemischt oder als fertige Reinigungsmischungen im Handel kaufen.

Die wichtigsten Regeln zum Räuchern

- Räume vor dem Räuchern das Haus oder die Wohnung auf. Entrümple alles, was du nicht mehr brauchst.
- Räuchere immer von unten nach oben, beginne also im Keller und arbeite dich immer linksdrehend durch das ganze Haus hinauf. Wenn du in einem Holzhaus lebst, das viele Balken und Nischen hat, nimm dir genug Zeit, um alle Ecken ausgiebig zu Räuchern. Dort hängen die Energien am liebsten fest.
- Während des Räucherns bleiben alle Fenster und Türen geschlossen. Sie werden erst dann geöffnet, wenn du alle Räume deines Zuhauses fertig geräuchert hast.
- Fange ganz bewusst in der Mitte des jeweiligen Raumes mit deiner Räucherzeremonie an, indem du dich ins Zentrum des Raumes stellst, kurz in dein *Sein* eintauchst, indem du deine Füsse fest auf dem Boden verwurzelst, dein Herz öffnest und dich gegen den Himmel ausrichtest.
- Lasse nun bewusst den Rauch nach oben steigen. Fokussiere dich auf den Rauch und stell dir vor, wie er alle die Energien, die gereinigt werden sollen, neutralisiert.
- Bewege dich jetzt linksdrehend in alle Ecken und Nischen in dem Raum den du räucherst. Du kannst eine grosse Feder nutzen, um den Rauch in die Ecken zu wedeln.
- Auch beim Räuchern gilt: Lass dich von deinem Gefühl leiten. Vielleicht gibt es Räume, Ecken und Stellen, an denen du den Impuls hast, etwas länger zu verweilen. Oder solche, bei denen du schneller fertig bist. Folge deinen inneren Impulsen. Sie sind immer richtig.

Deine Räucherdüfte für die Rauhnächte

Es gibt nicht den einen Duft oder die perfekte Mischung für die Rauhnächte. Jeder von uns hat ein anderes Duftempfinden und steht an einem anderen Punkt im Leben. Darum habe ich keine fertigen Mischungen oder Räucherpflanzen zu den einzelnen Rauhnächten vorgegeben.

Die folgende Zusammenfassung von einigen Räucherwerken und deren Wirkung soll eine kleine Hilfestellung für deine Auswahl sein. Folge dabei deiner Intuition. Lass dich von Herz und Bauch leiten, bevor du ans Werk gehst.

Räucherwerke für die Rauhnächte

Alant	Sonnenpflanze, bringt Licht, Helligkeit und Sonnenschein in die Seele, hilft bei Traurigkeit und depressiver Stimmung, bringt Energien wieder in Fluss, vermittelt Zuversicht, herzöffnend, angstlösend, stärkt das Selbstwertgefühl
Angelikawurzel	erdend, gibt Mut und Kraft, nimmt Ängste, gibt Schutz und Licht, Lebenskraft, fördert das Selbstvertrauen, ist seelisch stärkend, in der Raumreinigung bringt es Licht in die dunkelsten Ecken
Beifuss	steht uns in allen möglichen Lebenslagen zur Seite, hilft Entscheidungen zu treffen und altes loszulassen, wirkt klärend, stärkend, wärmend, entspannend, beschützend
Bernstein	stärkt das Herz, befreit die Seele, fördert die Lebensfreude, für Fröhlichkeit, Ruhe und Ausgeglichenheit, reinigend, für positive Energie am Arbeitsplatz
Dammar	bringt Licht ins Dunkel, eignet sich bei Verstimmungen, Traurigkeit, fördert Intuition, ideal auch für Meditationen und Visionsreisen
Eisenkraut	für Gerechtigkeit, bei Streit, stärkt bei wichtigen Verhandlungen und vor bevorstehenden Prüfungen, macht Mut, stärkt das Selbstbewusstsein
Fichtenharz	entfernt negative Energien, gibt Schutz, stärkt, löst alte Verstrickungen, ideal für Ahnenräucherung, stärkt und kräftigt die innere Mitte
Hollunder	starke Schutzpflanze, unterstützt bei Entscheidungen, altes loslassen, Neuorientierung

Johanniskraut	ein Lichtbringer, hilft bei Depression, Traurigkeit, ist stimmungsaufhellend, reinigt auf atmosphärischer Ebene, löst schwere Energien/Elektrosmog
Kalmus	hilft loszulassen, stärkt und belebt den Körper bei Erschöpfung, aufbauend und doch beruhigend
Kampfer	klärend, schenkt inneren Frieden, fördert Selbstliebe, lässt einen Luft holen (für Säuglinge und Kinder nicht geeignet)
Kiefernharz	transformiert Negatives, fördert Durchhalten, zielorientiert
Lavendel	entspannt, beruhigt, schenkt Geborgenheit, Gelassenheit, wirkt aber auch belebend, reinigend, klärend, desinfizierend
Lebensbaum (Thuja)	bringt Wahrheit und Klarheit
Lorbeer	schenkt Frieden, hilft zu verzeihen, fördert das Träumen, schärft die Wahrnehmung, unterstützend beim Orakeln
Mädesüss	hilft Gefühle zuzulassen und zu vergeben
Mastix	herzöffnend, lichtbringend, sorgt für klaren und wachen Geist, fördert die Intuition
Mistel	für Segen und Schutz, schützt vor Missgeschicken
Myrrhe	erdend, verbindet dich mit deiner Weiblichkeit, hilft Ziele zu erreichen, führt in die Tiefe, ideal für Abendräucherungen, entschleunigt
Myrte	hilft bei seelischen Wunden, verzeihen, macht den Geist wach, fördert Konzentration, passt bei Meditationen, stärkt Weiblichkeit
Orangenblüten	innerer Ausgleich, Zuversicht, Fröhlichkeit, Harmonie, lieblich, unterstützend bei Problemen, Schuldgefühlen, für Ausgleich, Leichtigkeit, friedliche Stimmung
Ringelblume	Lichtkraft, unterstützt positives Denken und Handeln
Rosenblüten	Liebe, Harmonie, Geborgenheit, Schönheit, für Herz und Seele
Rosmarin	desinfizierend, klärt, deckt alte Wunden auf, gibt neue Energie und Kraft, für einen guten Tagesstart, unterstützt Tun und Handeln
Salbei	stark reinigend, erfrischt, entfernt negative Energien, Neubeginn
Sandarak	reinigend vor allem für die Atemwege – wieder durchatmen können, hat eine lösende Wirkung physisch wie psychisch, steht für Gelassenheit
Sandelholz	innere Ruhe, Ausgeglichenheit, entspannend, erdend, ideal bei Stress und seelischer Erschöpfung

Sonnenblume	bringt Licht, Freude, Schutz, für das Herz
Sternanis	unterstützend beim Thema Loslassen
Styrax	Herzenswärme, entspannt bei Stress und Nervosität, fördert Intuition
Süssgras/Mariengras	hebt die Stimmung, harmonisierend, beschützend
Tanne	unterstützt Blockaden zu lösen, gibt Schutz und Kraft
Thymian	stärkt die Ich-Kraft, Selbstvertrauen und Willensstärke
Tonkabohne	Bringt Glück und Herzenswärme.
Wacholder	reinigend, neutralisierend, klärend, stärkend, keimtötend
Weihrauch	desinfizierend, reinigend, erhebend, Männlichkeit, hilft zu vergeben, stimmungsaufhellend, entspannend
Ysop	schenkt inneren Frieden und Dankbarkeit
Zeder	gibt Kraft für Veränderungen, reinigend auf körperlicher und seelischer Ebene, unterstützt klares Denken, entspannt bei seelischer Belastung
Zimt	wärmend, hilft loszulassen, beschützend, entspannend, beruhigend
Zitronenmelisse	Seelentröster, hilft loszulassen, Liebe zuzulassen, Anerkennung

Die Pflanzenteile können einzeln oder als Mischung verräuchert werden. Zum Herstellen einer Räuchermischung verwende ich auf zwei Teile Kräuter/Blüten/Wurzeln/Holz immer einen Teil Harz. Probiere einfach aus. Wir suchen uns intuitiv das aus, was wir brauchen und das uns im Hier und Jetzt gut tut.

Das brauchst du zum Räuchern:

- Eine Räucherschale oder ein Räucherstövchen
- Räucherkohle / Sand / Besteck
- Räuchermischungen
- Feuerzeug / Streichhölzer

Das Diffundieren ätherischer Öle als Alternative für Sanftnasen

Ätherische Öle können eine tolle, sanfte Alternative zum Räuchern darstellen.

Vor allem für sensible Tier- oder Kindernasen ist das Räuchern nicht immer angenehm. Wenn du also nicht alleine wohnst, kläre erst einmal ab, ob alle Familienmitglieder mit dem Räuchern einverstanden sind.

KAPITEL 6

Die 3 Tage vor den offiziellen Rauhnächten

Verbinde dich in den 3 Tagen vor den Rauhnächten mit deinem HerzBauchWerk

Die Wintersonnenwende, auch Alban Arthuan oder Jul genannt, ist ein traditionsreiches Fest bei dem wir die Rückkehr des Lichtes feiern. Die Wintersonnenwende markiert den Anfang und das Ende eines Jahreszyklus. Das tiefste, längste Dunkel ist erreicht, die Tage werden langsam länger und wir dürfen das Licht wieder willkommen heissen.

Es wäre schade, die transformierende Kraft von Jul nicht für die eigenen Rauhnächte zu nutzen. Deshalb starten wir unsere Reise schon am 21. Dezember und nutzen die Zeit vor der offiziellen ersten Rauhnacht zur Vorbereitung.

Da die Magie der Rauhnächte mit HerzBauchWerk eine ganz besondere ist, gestalte ich die drei Tage vor dem offiziellen Beginn, um dir die drei Aspekte der HerzBauchWerk-Formel vorzustellen. Dieses Workbook führt dich auf deiner Reise, die dich nicht nur den Rauhnächten, sondern auch deinem HerzBauchWerk näher bringt. Deshalb hebt es sich auch von den klassischen Rauhnächten ab.

Die zwölf Rauhnächte sind thematisch fest mit den drei Aspekten frei fühlen, denken und handeln verwoben.

In den ersten vier Rauhnächten, also am 24., 25., 26., und 27. Dezember tauchen wir in deinen **Herzaspekt** ein und beschäftigen uns damit, deine Essenz zu entdecken und das Herz zu öffnen. Du lernst hier freier und bewusster mit deinem Fühlen umzugehen.

Die mittleren vier Rauhnächte vom 28. bis am 31. Dezember sind mit dem Bauchaspekt verwoben.

Hier darfst du in ein neues Denken wechseln und lernen, deiner Intuition zu vertrauen. Dieser Aspekt macht dich mit dem Trennungs- und dem Einheitsbewusstsein bekannt und zeigt dir, wie du deinen Geist bewusst lenken und dir deiner Selbst gewahr sein kannst.

Die letzten vier Rauhnächte vom 1. bis zum 4. Januar nutzen wir, um bewusst in ein neues Handeln zu kommen. Denn es wäre viel zu schade, wenn die Zeit der Rauhnächte blosse Theorie bleiben würde. Hier lernst du dich mit deiner Kreativität und deiner Einzigartigkeit zu verbinden und findest den Mut, sie zu leben.

Du wirst mit der HerzBauchWerk-Formel eine Möglichkeit finden, um deinem emotionalen, mentalen und physischen Körper näherzukommen und diese drei Anteile in Harmonie zu bringen.

In unserer wahren Kraft sind wir, wenn alle drei Aspekte des Seins miteinander in einem wundervollen Tanz schwingen können. Dann, wenn wir unseren Körper, unseren Geist und unsere Seele voll und ganz bewohnen.

Alle drei Aspekte bewohnen wir dann voll und ganz, wenn wir uns ihrer bewusst werden.

Wenn wir spüren können, wie es sich anfühlt, mit unseren Seelenanteilen verbunden zu sein. Oder wenn wir unseren Emotionen Raum geben können, um sie einfach „nur" frei zu fühlen. Wenn uns bewusst wird, dass wir nicht aus der Identifikation unseres Egos, sondern aus einer höheren, geistigen Warte heraus handeln können.

HerzBauchWerk steht für diese drei Anteile eines jeden Menschen und bietet dir die nötigen Werkzeuge, um dich als ein ganzheitliches Wesen wahrzunehmen und dich voll und ganz zu bewohnen.

So entsteht bewusstes Sein

Erst wenn wir unsere Seele richtig spüren und ihrem Ruf folgen, sind wir wahrhaftig verbunden mit unserem Herzen und bereit dazu, den Menschen in unserem Leben mitfühlend zu begegnen. Es geht nicht nur darum, das Gefühl von Freiheit zu spüren, sondern einen freien, entspannten Umgang mit deinen Gefühlen und Emotionen zu pflegen. Du lernst, sie frei wahrzunehmen, ohne jegliches Drama oder einer Wertung.

Wenn du verstehst, dass die Art, wie du wahrnimmst nicht irgendwo da draussen, sondern in deinem Körper passiert, bist du bereit, dein Denken so weit zu öffnen, dass du mit deinem ganzen Körperbewusstsein im Jetzt ankommst. Das *Sein* hat ganz viel damit zu tun, deine Wahrnehmung zurück zu dir zu holen, wahrhaftig in der Präsenz anzukommen und deinen Körper mit jeder Zelle zu bewohnen, mit all seinen Empfindungen, die er dir schenken mag.

Du bist bereit dazu, dich dem Fluss des Lebens voll und ganz hinzugeben, wenn du verstehst, wie einzigartig dein Geist wirken und welches mächtige, kreative Werkzeug er sein kann. Es gibt nichts mehr zu bekämpfen, es gibt keine Ängste mehr zu vermeiden, es gibt nichts mehr, an dem du festhalten musst. Es gibt nur noch dich und dein einzigartiges Wesen, dass durch dich in diese wunderbare Welt hinaus wirken will.

HerzBauchWerk hat das Zeug dazu, deine Lebenseinstellung grundlegend zu verändern und den Wandelmut in dir wachzuküssen. Es lädt dich dazu ein, voll und ganz bei dir anzukommen und dich dir selber zu schenken. Genau jetzt, wo so oder so für jede von uns ein Neuanfang durch den Jahreswechsel ansteht, ist der perfekte Zeitpunkt dazu um in ein neues Bewusstsein dir und deinem Leben gegenüber einzutauchen.

Ich nehme die Rauhnächte als wunderbare Gelegenheit wahr, dich Schritt für Schritt in diesen Neuanfang zu begleiten und die Magie in dir zu wecken.

HerzBauchWerk ist also das bewusste, achtsame Erleben deines Selbst, ein Raum, den du dir gibst, in dem sich deine ganz eigene Spiritualität auf eine bodenständige, natürliche und wahrhaftige Art und Weise entwickeln kann. HerzBauch-WerkerInnen stehen mit den Füssen fest auf dem Boden, haben ihr Herz weit offen und den Blick den Sternen zugewandt.

Ich wünsche dir viel Freude dabei, genau dieses Lebensgefühl in den nächsten sechzehn Tagen und Nächten Schritt für Schritt für dich zu entdecken.

Wintersonnenwende, Julfest

21. Dezember

21. Dezember, Wintersonnenwende (Julfest, Alban Arthuan)

Heute steht die Sonne am südlichen Wendekreis im Zenit und geht am nördlichen Polarkreis tagsüber gar nicht auf. Somit ist der 21. Dezember in der nördlichen Erdhälfte der kürzeste Tag des Jahres, auch Wintersonnenwende genannt. Heute beginnt offiziell der Winter, die Tage werden aber bereits wieder länger.

Ist das nicht ein Grund zum Feiern?

Auch die längste Nacht darf geehrt werden, denn sie entsteht aus dem kürzesten Tag. Die alten Kulturen feierten damals die Wiedergeburt der Göttin des Lebens und des Lichts, Lucina. Zu ihren Ehren entzündeten die Germanen Kerzen als Symbole für neues Leben.

Nutze diesen ersten Vorbereitungstag, um dich mit deinem Herzaspekt zu verbinden.

Klingt für dich der Titel dieses Abschnitts fast ein bisschen kitschig? Tatsächlich haben wir manchmal eine etwas komische Vorstellung davon, was passiert, wenn wir unser Herz öffnen. Viele trauen sich das gar nicht, weil sie Angst davor haben, sie könnten verletzt werden. Andere verknüpfen damit einen hoch spirituellen Prozess, den nur Auserwählte durchleben dürfen.

In der HerzBauchWerk-Formel bedeutet das Verbinden mit dem Herzaspekt, das Herz zu öffnen, um ins achtsame Fühlen zu kommen.

Die drei Aspekte deines HerzBauchWerks sind eng miteinander verwoben, du wirst dies noch klar spüren können. Und doch mache ich hier eine kleine Trennung, damit du die einzelnen Aspekte deines Seins erkennen und unterscheiden kannst.

Vom 24. bis 27. Dezember wirst du dich also ganz stark mit deinem Emotionalkörper beschäftigen. Du wirst erfahren, was es heisst, Emotionen frei fühlen zu dürfen und im Mitgefühl mit der Welt da draussen zu sein. Du wirst den Unterschied zwischen Schutz und offenem, verbindenden Begegnen kennenlernen.

Das *Herz* steht für deine Mitte, die Liebe, den Weg nach innen, deine Essenz. Es steht für das, was du als Seele in diese Welt bringen willst.

Ganz tief in dir verwurzelt findest du die Klarheit deiner Seele. Oft sind wir lange auf der Suche nach dieser Klarheit, sehnen uns nach ihr. Anstatt still zu werden und in uns hineinzuhorchen, um uns für sie zu öffnen und der Stimme des Herzens lauschen zu können, machen wir jedoch etwas ganz anderes: Wir treten in Aktion.

Wir suchen nach Sicherheit, Struktur und Methoden, die uns erklären, wer wir sind und was für uns und unser Leben das Beste zu sein scheint. Wir suchen im Aussen. Mit Aussen meine ich die Gesellschaft, dein Umfeld, deine Freunde, deine Familie, deinen Job etc.

Nur: Es kann dir niemand sagen, wer du bist – ausser du selbst

Dein Herz weiss genau, wer du bist. Es kennt seinen Weg und seine Aufgabe ganz genau. Erlaubst du dir, still zu werden, um der Weisheit deines Herzens zu lauschen? Bist du bereit, zu verstehen, was es dir sagen möchte? Verbinde dich mit deinen Herzensthemen und finde dabei den Zugang zu deiner Essenz.

Je mehr du in deiner Mitte weilst, deinen Ursprung verstehst und annehmen kannst, dass du eine Seele auf einer wunderbaren Reise bist, desto offener wirst du für die Sprache deines Herzens. Desto klarer kannst du sehen, wer du wirklich bist – fern von allen Bewertungen, Glaubenssätzen, Macht- und Schutzstrategien.

Von der Trinität Körper, Geist und Seele repräsentiert das Herz die Seele. Es ist dein innerer Kompass, der dir den Weg zu dir und zu deinem tiefsten Sein weisen kann. Wenn du dich auf deinen Herzens-weg begibst, bedeutet das, alles von innen nach aussen auf dich wirken zu lassen und nicht umgekehrt: Gefühle dürfen in dir gefühlt werden, um zu heilen und um frei zu werden.

So kommst du Schritt für Schritt ins bedingungslose Fühlen. Deine Wahrnehmung, dein Handeln, dein Sein: Alles darf von deinem innersten Herzen nach aussen in die Welt wirken. Dein Herz zentriert dich, lässt dich in deiner Mitte und in deiner Präsenz weilen. Folge deinem Herzen. Lausche seiner Sprache. Vertraue auf das Wunder in dir. Liebe dich so, wie du bist. Sag Ja zu deinem Leben, zu deinem Seelenplan. Sag Ja zu all dem, was dir bisher widerfahren ist.

Es ist dein Weg.
Niemand kann ihn dir abnehmen.

Dein Herz lädt dich dazu ein, dir und deinen Bedürfnissen zu lauschen und sie zu leben!

Fang an zu handeln, dich zu spüren, dein Herz weit werden zu lassen. Gib der Sehnsucht nach; sie zeigt dir den Weg in dein tiefstes Innerstes.

Fange an, dich bedingungslos zu lieben.

Dein Ritual:

Heute kannst du eine Kerze oder in deinem Garten ein Feuer anzünden, um das Licht wieder willkommen zu heissen. Wenn Paare heute zusammen Hand in Hand über das Feuer springen, bekunden sie so ihre gegenseitige Liebe.

Diese Nacht steht aber auch für das alte Jahr, das jetzt zu Ende ist. Und genau dieses Jahr soll heute noch einmal so richtig gewürdigt werden.

Heute geht es ganz stark um unsere eigene, tiefdunkle Innenwelt, die eigenen Schatten, die Themen, die in uns verborgen im Dunkeln liegen und sichtbar gemacht werden wollen. Es sind unsere Schatten, die uns immer und immer wieder ins Licht führen, uns aufzeigen, was wir verändern, loslassen und transformieren dürfen. Heute ist die längste Nacht, heute verweilen wir am längsten in der Dunkelheit, in dem Wissen, dass das Licht wiederkommen wird.

Ist es nicht auch so mit unseren Prozessen und Themen? Manchmal tappen wir im Dunkeln, haben keine Ahnung, weshalb gerade wir durch dieses dunkle Loch gehen müssen. Im Nachhinein ergibt alles Sinn. Dann, wenn wir das Licht am Ende des Tunnels erkennen können. Wir Menschen haben oft Angst vor der Dunkelheit, vor unseren eigenen Schatten.

Gerne wollen wir einfach nur im Licht sein, alles durch die rosarote Brille sehen und auf Biegen und Brechen irgendwie versuchen, glücklich sein. Doch ohne Schatten kann das Licht nicht existieren.

Heute wollen deine Schatten angenommen und ans Licht gebracht werden. Was haben sie bis jetzt in deinem Leben kraftvolles in die Veränderung gerufen? Nimm heute das wiederkehrende Licht als eine Einladung um Klarheit in dein Herz zu bringen, indem du dich liebevoll deinen eigenen Schatten näherst und den Mut findest, sie neutral zu betrachten.

Deine Aufgabe:

Ich möchte dich dazu einladen, dich mit deinem Herzen zu verbinden. Stell dir vor, du würdest ihm einen Brief schreiben. Was wünschst du dir für dein Herz?
Was darf dein Herz endlich hinter sich lassen?
Was hindert dein Herz daran, Freude zu leben?
Vor welchen Gefühlen und Emotionen hat dein Herz am meisten Angst?

Schreibe alle Schattenthemen nieder. Sei dir dabei bewusst, dass auch die dunklen Themen zu dir gehören und gewürdigt werden wollen. Alles darf sein. Licht und Schatten, Freude und Leid.

Es sind deine Schatten, die dich deinem Herzen näher bringen und dir aufzeigen, wo du noch nicht aus deinem tiefsten, innersten Kern heraus handelst.

Wenn du das getan hast, verbinde dich mit dem Licht, indem du dein Herz weit werden lässt. Du kannst auch ganz bewusst eine Kerze dabei anzünden.
Welche Gefühle, Erkenntnisse und stärkende Gedanken willst du in Zukunft in dein Leben lassen?

Wenn du deinen Brief fertig geschrieben hast, schreibe unter deine Worte drei Mal den Satz:

Ich öffne mich für das Licht und das HerzBauchWerk in mir!

Dein Räucherritual für das Julfest:

Um dich auf die kommenden Rauhnächte einzustimmen, kannst du dir intuitiv eine Räuchermischung aus folgenden Räucherwerken zusammenstellen:

Alant, Angelikawurzel, Beifuss, Eisenkraut, Fichtennadeln, Fichtenharz, Johanniskraut, Lavendel, Lebensbaum (Thuja), Mastix, Mistel, Myrrhe, Myrte, Rosmarin, Salbei, Sandelholz, Wacholderbeeren, Wacholderspitzen, Weihrauch, Zimt

(Wer Weihrauch nicht mag, kann ihn durch Dammar oder Sandarak ersetzen.)

Zweiter Vorbereitungstag

22. Dezember

22. Dezember

Der zweite Vorbereitungstag verbindet dich mit deinem Bauchgefühl

Der Aspekt *Bauch* symbolisiert dein Bauchgefühl, deine Intuition, die Art und Weise, wie du die Welt da draussen wahrnimmst. Wie intuitiv bist du? Hast du gelernt, deinem Bauchgefühl zu vertrauen?

Deine Intuition kann zu einem vertrauensvollen Berater in deinem Leben werden, wenn du lernst, ihre Sprache zu verstehen und ganz genau hinzuhören oder besser gesagt, hinzufühlen.

Es gibt eine zentrale Regel, die du immer beachten solltest, wenn du dich mit deiner Intuition verbinden willst: Dein Bauchgefühl kann sich erst dann klar zeigen, wenn es in dir still ist. Laute Gedanken oder Emotionen, die dein Innerstes zu sehr aufwirbeln, lassen dein Bauchgefühl klein, unbedeutend und leise werden.

Deine Intuition drängt sich niemals auf

Du kannst die Intuition mit einem sehr scheuen Wesen vergleichen. Vielleicht mit einem Reh oder einem Vogel. Wenn sie auftaucht, geht es darum, den Moment zu geniessen, voll und ganz bei dir zu bleiben und zu beobachten. Sicher ist dir schon einmal ein Eichhörnchen, ein Reh oder ein Vogel auf deinem Weg ganz überraschend begegnet. Wenn du diese Tiere dazu einladen möchtest, noch einen Moment zu bleiben, damit du sie beobachten kannst, musst du ganz still werden, dich auf die Situation einlassen, ja dich schon fast mit dem scheuen Tier verbinden, um es deine wohlwollende Absicht spüren zu lassen. Bis das Reh wieder weiterzieht, bist du einfach nur stille Beobachterin, verbunden mit allem, was in diesem Moment gerade ist, und lässt die Präsenz auf dich wirken, lässt dich voll und ganz auf den Moment ein.

Still zu werden und sich im Jetzt voll und ganz auf seine Intuition einzulassen ist leider nicht immer ganz einfach, weil wir Menschen oft sehr laute Gedanken in uns tragen und ein Ego in uns wohnt, das ziemlich schroff und ungeduldig sein kann.

Im Verlauf unseres Lebens haben wir verlernt auf unsere innere Stimme zu hören. Schule, Erziehung, die Gesellschaft, unsere Wertvorstellungen, sie alle lassen die Stimme in uns Schritt für Schritt stummer werden. Weil wir darauf konditioniert werden, die Dinge, die uns begegnen, mit dem Geist zu verstehen. Weil uns vorgelebt wird, dass Gefühle unterdrückt und nicht gelebt werden sollen. Weil wir in „richtig" und „falsch" eingeteilt werden und anfangen, Dinge zu tun, die vielleicht gar nicht unserer wahren Natur entsprechen.

Wir verschliessen Stück für Stück unser Herz, finden keinen Zugang mehr zu uns und unserer Wahrnehmung und konzentrieren uns nur noch auf das, was wir logisch erklären können. Oder wir erkennen, dass wir jahrelang unsere Bedürfnisse und unser wahres Sein so dermassen unterdrückt haben, dass wir das Leben in uns schon fast nicht mehr spüren, und fangen an, uns auf den Weg zu unserem Herzen zu machen, um die innere Stimme wieder wahrnehmen und auf unser Herz hören zu können. Oft führen wir dann einen regelrechten Krieg gegen unser Ego, seine Schutz- und Machstrategien und Bewertungen, weil sie es so weit kommen liessen. Es gibt jedoch keinen Schuldigen und nichts, was wir zu bekämpfen hätten.

Auf deiner Bewusstseinsreise geht es nicht darum, dein Ego ruhigzustellen und sich nur noch rein intuitiv leiten zu lassen, sondern darum, zu erkennen, wann du aus deinem Verstand oder aus deinem Bauchgefühl heraus handelst. Genauso wenig geht es darum, deine Intuition völlig zu unterdrücken und nur noch auf der Verstandesebene zu handeln, wie das viele Menschen tun.

Die eigene Intuition zu entdecken und freizulegen, ist ein absolut spannendes Abenteuer. Ich möchte dich in den mittleren vier Rauhnächten vom 28. bis am 31. Dezember dazu einladen, sie unter dem Aspekt deiner Intuition zu betrachten. Versuche, dich ganz achtsam in die Themen hineinzufühlen.

Heute darfst du deinen Körper als dein Wahrnehmungsinstrument erkennen

Um bewusst wahrnehmen zu können, müssen wir erst einmal so richtig im Körper ankommen. Vielen Menschen ist nicht bewusst, dass ihr Körper ein Wahrnehmungsinstrument ist. Vor allem feinfühlige, sensible und hochsensible Menschen nehmen all die vielen Reize irgendwo "da draussen" wahr, und fühlen sich deshalb oft überreizt, gestresst und zerstreut.

Um achtsam wahrnehmen zu können, müssen wir erst einmal so richtig im Körper ankommen. Vielen Menschen ist nicht bewusst ist, dass ihr Körper ein Wahrnehmungsinstrument ist. Vor allem feinfühlige, sensible und hochsensible Menschen nehmen all die vielen Reize irgendwo "da draussen" wahr, und fühlen sich deshalb oft überreizt, gestresst und zerstreut.

Nutze den zweiten Vorbereitungstag dazu, um dich auf deinen physischen Körper als Empfänger für deine innere Wahrnehmung zu konzentrieren.

In Kapitel 3 habe ich dich mit dem Werkzeug des bewussten *Seins* bekannt gemacht. Genau dieses Sein, dieses Eintauchen in deine Präsenz ist der Schlüssel, um ganz in deiner Körperwahrnehmung anzukommen.

Du musst nicht jeden Tag eine Stunde meditieren. Das ist die gute Nachricht. Fünf Minuten *Sein* reichen schon aus, um auf einer ganz neuen Ebene wahrzunehmen und tief mit sich selber in Verbindung zu treten. Die schlechte Nachricht: Wenn du nicht damit beginnst, es zu *tun*, wird sich in deinem Leben leider nichts Verändern! Achtsamkeit geht über das Erkennen hinaus. Sie ist eine Lebenseinstellung, die praktiziert werden will, damit sie sich entfalten kann.

Vielen fällt es deshalb schwer in ihr *Sein* einzutauchen, weil sie noch stark im Widerstand zu dem sind, was sie wahrnehmen. Vielleicht haben sie Angst vor bestimmten Gefühlen oder Gedanken.

Stell dir vor, du hättest zu deiner Geburt ein wunderschönes, altes, antikes Piano geschenkt bekommen und hast noch niemals darauf gespielt. Wäre es nicht extrem schade, dieses Piano nicht zu spielen? Am Anfang wären die Töne vielleicht noch ein bisschen schräg und du verstehst noch nicht genau, wie aus den einzelnen Tönen eine Melodie werden soll. Aber mit der Zeit, wenn du dich mit diesem alten Piano beschäftigst und bereit dazu bist, das Klavierspielen zu lernen, wirst du irgendwann die schönsten Melodien darauf spielen können.

So verhält es sich auch mit deinem Körper als Wahrnehmungsinstrument und der Art und Weise, wie du wahrnimmst. Wenn du zuerst einmal einfach alles akzeptieren kannst, was dir das Leben gerade an Gefühlen, Gedanken, Wahrnehmungen und Hindernissen schenkt, öffnest du dein Denken um hinter den Schleier aller Schutzprogramme und Muster zu blicken und deinen wahren inneren Kern zu spüren.

Mache Bekanntschaft mit deinem Wahrnehmungspiano und lerne freudig auf ihm zu spielen.

Deine Aufgabe:

Tauche in die Kraft der Dankbarkeit ein

Ich möchte dich heute dazu einladen, in dein *Sein* einzutauchen und dich mit dem Gefühl der Dankbarkeit zu verbinden und dich ihm hinzugeben.

Die Welt und wir Menschen befinden uns derzeit in einer ganz speziellen Schwingungserhöhung. Viele Menschen sind im Wandel. Vieles, was wir lange Zeit nicht erkannt haben, darf nun ins Bewusstsein geholt werden. Viele Dinge, die lange selbstverständlich waren, sind es heute nicht mehr. Unzählige Menschen sind mitten drin im Erkennen und Wandeln.

Erkennen ist das eine. Danach handeln ist das andere und das nicht immer einfach. Alte Muster die uns nicht mehr dienlich sind, dürfen wir loslassen.

Doch bevor wir Muster, Blockaden und alte Themen loslassen können, müssen wir uns ihrer bewusst werden. Das kann manchmal schmerzhaft, stressig oder einfach ermüdend sein. Alte unterdrückte Emotionen zeigen sich, um achtsam angenommen und transformiert zu werden.

Tauche in dein Sein ein und lass das letzte Jahr in Dankbarkeit Revue passieren.

"Erkenntnis ist die Kraft, mit der du dich befreist." singt Thomas D. im Lied *Krieger*. Und genau so ist es: Zuerst darfst du dich und deine Wahrnehmung neu erkennen, um dich zu verstehen und dich aus den alten Fesseln zu befreien. Das *Sein* ist der Raum, den ich dir biete, um dich auf einer neuen Ebene erkennen und betrachten zu dürfen.

Heute ist es an der Zeit dir bewusst zu machen, was du im letzten Jahr erkennen und in die Veränderung bringen durftest. Nimm alle deine Erkenntnisse dankbar an. Denn würdest du nicht erkennen, könntest du nicht verändern, weil es nichts in deiner Realität geben würde, das es zu ändern gäbe. Wir sträuben uns oft vor diesem Prozess des Erkennens, indem wir an etwas festhalten, davor flüchten oder in einen Kampf einsteigen. Kämpfen, festhalten und flüchten sind die drei grössten Verhinderer von Wandel und Transformation.

Versuche heute ganz bewusst in dein *Sein* einzutauchen (der Prozess ist in Kapitel 2 genau erklärt) und lass dabei das letzte Jahr Revue passieren. Nimm einfach wahr und versuche alles zu akzeptieren und dankbar anzunehmen, was sich dir in den letzten zwölf Monaten widerfahren ist. Beobachte gut. Manchmal schaltet sich blitzschnell der analysierende Verstand ein und möchte gleich wissen, wofür das eine oder andere Drama gut war. Lass auch diese Gedanken gleich wieder weiterziehen.

Dein Ritual:

Ein Dankesbrief an das letzte Jahr

Schreibe einen Dankesbrief an das letzte Jahr. Stell dir das Jahr als deine Vertraute oder eine Freundin vor, die dich zwölf Monate lang begleitet hat. Erzähle deinem Gegenüber, was dir besonders gefallen hat. Teile mit, was für dich die grössten Lehren in den letzten zwölf Monaten waren.

Zeige deine tiefe Dankbarkeit für die letzten Monate, die du mit diesem Jahr, das langsam sein Ende findet, verbringen durftest. Vielleicht hast du Lust dazu, kurz in die Stille zu gehen, dem Jahr ein Gesicht, eine Form zu geben? Vielleicht zeigt es sich dir in menschlicher Gestalt, als Tier oder als Wort. Stell dir vor, du stehst mit diesem Wesen, das für dich die letzten dreihundertfünfundsechzig Tage symbolisiert, an einer Wegkreuzung, an einem Bahnhof oder vor einer Kutsche und du weisst, dass es Zeit ist, dich von diesem Freund, diesem Wesen zu verabschieden. Was sagst du ihm?

Zeige deine tiefe Dankbarkeit für die Monate, die du mit diesem Jahr, verbringen durftest.

Lass dich von den folgenden Fragen inspirieren:

Was hast du in diesem Jahr gelernt?
Welches waren deine wichtigsten Erkenntnisse?
Welche wunderschönen Erlebnisse bleiben dir in Erinnerung?
Wo hast du dich richtig wohl, authentisch und stark gefühlt?
Was möchtest du ins neue Jahr mitnehmen?
Für welche Ereignisse, Begegnungen und Freunde bist du dankbar?

Vielleicht hast du auch Lust und Zeit, für das alte Jahr ein Bild zu malen, eine Collage zu basteln oder ein Lied zu singen? Lasse deiner Kreativität freien Lauf!

Du kannst deinen Dankesbrief auch in einen Umschlag stecken und ihn in der nächsten Vollmondnacht im Mondlicht platzieren, damit der Mond deine Dankbarkeit mit seiner Energie unterstützen und bestärken kann.

Wenn dein letztes Jahr sehr herausfordernd war, dann empfehle ich dir den Dankesbrief in der sechsten Rauhnacht am 29. Dezember nochmals hervorzunehmen, zu lesen und ein Ho'oponopono Ritual mit ihm zu machen.

Dritter Vorbereitungstag

23. Dezember

23. Dezember

Der letzte Vorbereitungstag verbindet dich mit deinem Werkaspekt.

Das Wort *Werk* aus dem Wortspiel Herz-BauchWerk steht für das einzigartige Kunstwerk, das jeder Mensch hier auf der Erde darstellt. Öffne dich für deine Einzigartigkeit. Erkenne, wie wundervoll du bist. Kunstwerke, die die Menschen im Herzen berühren, sind authentisch, nicht perfekt. Sie strahlen eine Ehrlichkeit aus, die tief und magisch auf uns wirkt.

Vergiss nicht, dass du hier in dieser Welt gelandet bist, um zu leben, um die Gestalterin deines Lebens zu sein und aktiv die Pinselstriche auf deiner Leinwand, auf deinem Kunstwerk zu ziehen.

Stell dir vor, dein Leben ist eine riesengrosse Leinwand, die du immer wieder betrachtest, ergänzt und übermalst. Manchmal erscheinen die Farben hell und bunt und wunderbar, manchmal malst du lieber mit schwarz. Vielleicht braucht es ein Weilchen, bis die hellen Farben auf der Leinwand wieder zu sehen sind und zur Geltung kommen. Vielleicht gibt es auch Phasen, in denen du das malst, was dir andere raten. Und du merkst erst wenn du es aus der Distanz betrachtest, dass dieses Kunstwerk über-haupt nicht dem entspricht, was du dir in deinem inneren Auge vorgestellt hast. Oder dein Bild sieht zwar wunderschön aus und viele Menschen bestaunen es, dich selber berührt es auf emotionale Weise aber ganz und gar nicht.

Kannst du den Unterschied zwischen "es malt einfach so mit dir" und einer Vorstellung im Kopf, die du unbedingt auf die Leinwand bringen willst, erkennen?

Die schönsten Kunstwerke entstehen, wenn du deinen Geist öffnest und du dich deiner Inspiration und Kreativität voll und ganz hingeben kannst. Plötzlich übertrifft dein Kunstwerk all deine Vorstellungen und beim genaueren Hinsehen erkennst du immer mehr Details und die Vollkommenheit, die in diesem Bild steckt.

Denke daran: Du bist hier, um zu malen und um zu leben! Sei nicht zu kritisch mit deinem Kunstwerk! Bitte gehöre nicht zu der Sorte Menschen, die aus der Angst davor, etwas Falsches zu malen, gar nicht erst damit anfangen.

Vertraue darauf, dass alles seine Richtigkeit hat, wenn du dich selbst als Kunstwerk betrachtest. Jeder Pinselstrich, jede Farbe, jeder freie Fleck auf deiner Leinwand des Lebens hat seine Berechtigung. Öffne dich für das Wunder, das du bist, und lebe dich als einzigartiges Werk. Dazu möchten dich die letzten vier Rauhnächte vom 1. Januar bis 4. Januar inspirieren.

Entdecke deine Kreativität und lege sie frei. Erlaube dir, frei und wild und wunderbar zu sein und all das, was dich ausmacht und das du leben möchtest, hier auf diese Erde zu bringen.

Glaube an deine Träume, Visionen und Inspirationen!

Glaube an deine Träume, Visionen und Inspirationen. Sie sind die unsichtbare, magische Kraft, die dich dazu anleitet, dein Kunstwerk auf die Leinwand zu bringen und in den kreativen Flow einzusteigen. Dein Geist ist zu so vielem fähig.

Verbinde ihn mit deinem Herzen und deiner Intuition und werde zu einem schöpferischen Wesen. Durch dich wirkt eine universelle Kraft. Du bist ein Kanal für Wunder, vergiss das nicht.

Deine Aufgabe:

Lege heute deine Werte fest

Ganz egal, wohin dich dein Leben bis jetzt getragen hat und ob du ein Mensch bist, der seinem Fluss vertrauen und sich ihm hingeben kann, eines ist in Wandelphasen immer sehr entscheidend darüber, ob du deinen Fokus halten kannst und dich aus deiner Essenz heraus entwickeln oder ob du zerstreut durchs Leben gehst:

Deine Werte

Du wirst im Laufe deiner Veränderung immer wieder Neuland betreten. Neue Orte, neue Menschen, neue Herausforderungen werden dich immer wieder dazu einladen zu vertrauen, Klarheit zu finden und zu entscheiden.

Ich gebe mich extrem gerne dem Fluss des Lebens hin. Viele Dinge, die ich gemacht habe, hätte ich mir nie erträumen lassen, sie sind einfach so in mein Leben gekommen. Und andere Dinge, die ein Teil von mir unbedingt erreichen wollte, habe ich niemals erreicht. Im Laufe der Jahre habe ich gelernt, dem Leben und seinem Fluss zu vertrauen und mich ihm voll und ganz hinzugeben. Doch wie weiss man, dass man auf dem richtigen Weg ist? Hingabe an das Leben ist ein wertvoller Unterstützer. Doch du brauchst auch Leitplanken, um sicherzustellen, wohin deine Lebensreise gehen soll. Diese Leitplanken können deine Werte sein.

Deine Werte sind dein Kompass. Sie sorgen dafür, dass du auf deiner Lebensreise immer wieder kurz anhalten und dich in Situationen hineinfühlen und dir folgende Fragen stellen kannst:

Stimmt mein Weg noch mit meinen Werten überein?
Geht diese oder jene Entscheidung mit meinen Werten konform?
Passen die Menschen, der Job, mein Umfeld noch zu meinen innersten Werten?

Zu wissen, wofür du in deinem Leben stehst, welche drei wichtigsten Werte sich wie ein roter Faden durch all deine Lebensbereiche ziehen sollen, bietet ein festes, grundlegendes Fundament für dein Sein. Du fühlst dich verankert und gestärkt durch deine Werte und hast immer wieder einen Anhaltspunkt um kurz inne zu halten und zu schauen, ob du noch auf dem richtigen Weg bist.

Heute möchte ich dich dazu einladen, deine Werte zu definieren und diese nicht nur als festes Fundament für deine Rauhnächte, sondern auch darüber hinaus zu nutzen.

Dein Ritual:

Für diese Übung brauchst du zehn kleine Zettelchen. Schreibe auf jeden Zettel einen deiner wichtigsten Werte. Falls dir das schwer fällt, finde heraus, was für dich in deinem Leben besonders wertvoll und stärkend ist.

Welche Werte müssen für dich erfüllt sein, damit du dich sicher, beschützt und wohlfühlen kannst in deiner Haut? Welche Werte helfen dir dabei, dich mit deiner inneren Kraft zu verbinden?

Wenn du deine Werte aufgeschrieben hast, setze dich hin, nimm einen Zettel nach dem anderen in die Hand. **Halte ihn an dein Herz und fühle in diesen Wert hinein.**

Was macht er mit dir?
Wie fühlt er sich an?

Dann lege alle zehn Zettel vor dir aus und bestimme die drei Werte, die für dich am wichtigsten sind und dir helfen in deine deine Kraft zu kommen. Du kannst deine ausgewählten Werte an einem Ort anpinnen, wo du immer wieder an sie erinnert wirst.

Vielleicht hast du Lust, sie auf ein Blatt Papier zu malen, das du schön verzierst?

KAPITEL 7
Die 12 Rauhnächte

1. RAUHNACHT

24. Dezember, Heiliger Abend

24. Dezember, Heiliger Abend und erste Rauhnacht

Ich stehe mit den Füssen fest auf dem Boden.
Ich spüre und ehre meine Wurzeln.

Impulse: deine Wurzeln, deine Basis, Stabilität, deine emotionale Grundlage, Ahnen, Mütterlichkeit, Weiblichkeit

Die erste Rauhnacht steht für den Monat Januar des kommenden Jahres.

Heute ist der erste Tag bzw. die erste Rauhnacht, die du bewusst und achtsam gestalten darfst.

Die erste Rauhnacht lädt dich dazu ein, dich mit deiner inneren Kraftquelle zu verbinden und herauszufinden, was dich dabei unterstützt, dass du dich geerdet und getragen fühlst. Sich zu erden, sich mit den eigenen Wurzeln zu verbinden, bedeutet auch, sich seiner Essenz bewusst zu werden, die eigene Herzensenergie zu spüren und gänzlich darin einzutauchen. Vor allem für uns Frauen ist es dieses Verwurzelt- und Verankertsein, das uns dabei unterstützt, unsere innere Mitte zu spüren und die eigene, bodenständige Spiritualität zu leben. Weibliche Spiritualität ist nicht nach "oben" in den Himmel hin ausgerichtet, sondern findet tief verankert in uns statt. So beschreibe ich das Wirken des HerzBauchWerks gerne mit folgendem Satz:

Die Füsse fest auf dem Boden, das Herz weit offen und den Blick zu den Sternen gerichtet.

Erlaube dir, immer wieder ganz bewusst die Verbundenheit zur Erde zu pflegen, damit du dich deinen Wurzeln hingeben, sie spüren und leben kannst. Heute darfst du dich ganz bewusst einmitten, dich selbst lieben, so wie du bist, dich mit deiner Essenz verbinden, sie wahrnehmen und dich hingebungsvoll deiner einzigartigen Spiritualität widmen.

Du wirst heute mit grosser Wahrscheinlichkeit mit deiner Familie oder lieben Freunden Weihnachten feiern. Ich möchte dich inspirieren, ihnen ganz bewusst mit offenem Herzen gegenüberzustehen. Viele von uns tragen noch Verstrickungen, Geschichten und vielleicht auch Verletzungen aus ihrem Familiensystem mit sich. Falls das bei dir der Fall ist, versuche in der Liebe zu bleiben und dein Herz zu öffnen. Ich weiss, das ist nicht immer einfach, aber ein äusserst spannendes Übungsfeld.

Vielleicht findest du sogar die Gelegenheit, mitten im Familientrubel kurz in dein *Sein* einzutauchen und die Energie in deiner Familie auf diese Art und Weise wahrzunehmen.

Wir sind mit unseren Ahnen wie in einem Netz verwoben, mit ihnen auf magische Weise verbunden, ob wir es wollen oder nicht. Ein Netz kann einem Halt geben. Es kann aber auch Dinge festhalten, die man nicht mehr bei sich haben möchte. Heute darfst du in dieses Netz eintauchen und wahrnehmen, welche Verbindungen dich nähren und stärken – und welche du in Liebe ziehen lassen möchtest.

Ob du dich von Verbindungen trennen möchtest, ist alleine deine Entscheidung, denn Trennung bedeutet auch immer Widerstand. Nimm auch die schwierigen Verbindungen wahr, erkenne den Spiegel, beobachte und sende all deine Akzeptanz, ja vielleicht sogar Liebe in diese Verbindung. Dein inneres Kind versteht vielleicht viele der Situationen, Glaubensmuster und Verstrickungen (noch) nicht. Sende auch ihm viel Heilung, indem du selbst deinem inneren Kind all die Liebe, Aufmerksamkeit und Zuneigung schenkst, die es so sehr vermisst. So holst du die Verantwortung für dein emotionales Wohlbefinden zurück zu dir.

Stell dir vor, wie sich hinter dir all deine weiblichen Ahnen aufreihen, bis weit in die Vergangenheit zurück. Verbinde dich mit ihnen und ihrer Kraft. Werde dir bewusst, dass jede dieser Frauen dich in dieses Leben geführt hat. Hätten sie selbst nicht ein klares Ja zu ihrem Leben gegeben, wärst du heute nicht hier. Egal, was sie erlebt und wie sie dich gepragt haben, verbinde dich achtsam mit ihrer Power und ihren positiven, kraftvollen Anteilen aus der Geschichte deiner Ahninnen.

Stell dir vor, wie ein goldenes Licht wie ein leuchtender Nebel über dich und deine Ahnenreihe zieht und alles davonträgt, was euch nicht mehr dienlich ist. All die Verletzungen, alten Versprechungen und Pakte, Geheimnisse, Strukturen, die Machtstrategien und Glaubensmuster, die auf euch gewirkt haben, werden neutralisiert. All das, was nicht mehr dienlich ist, wird der Schöpfung zur Transformation übergeben und darf mit dem Licht weiterziehen. Alle deine Vorfahren und Wegbereiter, die es dir mit ihrem Sein, mit ihrer Existenz und ihren Bewusstwerdungs-Prozessen ermöglicht haben, dass du hier bist, erstrahlen in einem hellen, goldenen Licht, einem heilenden Glanz. Du darfst dich jetzt bei deinen Ahnen für ihre kraftvolle Unterstützung und die Heilung bedanken.

Selbstreflexion:

Welche Tätigkeiten, Menschen oder Dinge helfen dir dabei, dich verwurzelt zu fühlen?

In welchen Bereichen möchtest du gerne deine Wurzeln stärken?

Auf welchem Fundament stehen deine Wurzeln?

Zeigen sich dir heute Ahnen? Wenn ja, welche?

Mit welchen deiner Ahnen fühlst du dich auf magische Weise verbunden?

Ehre deine Ahnenreihe, indem du heute für sie eine Kerze entzündest.

Deine Aufgabe:

Nimm dir heute ein paar Minuten Zeit, um in dein *Sein* mit dem Fokus auf deine Wurzeln einzutauchen.

Das geht ganz einfach: Verbinde dich im Stehen mit deinem *Sein*, wie du das bereits gelernt hast und wenn du in dir angekommen bist, richte all deine Achtsamkeit, all dein Bewusstsein auf deine Füsse, auf den Boden, auf dem du stehst. Spüre den Untergrund: Fühlt er sich warm oder kalt an? Wie fühlen sich deine Füsse an? Atme zwei bis drei Mal ganz bewusst zu deinen Füssen und stell dir vor, wie kleine Wurzeln, Lichtfäden, Anker oder ähnliches tief in den Boden wachsen und dich mit Mutter Erde verbinden.

Diese wunderschöne Übung eignet sich ganz speziell für Kinder. Meine Kinder und ich bauen sie oft noch ein bisschen aus und stellen uns vor, dass wir wie ein Baum dastehen, tiefe Wurzeln schlagen, unseren festen Stamm spüren, die Äste und Blätter in den Himmel ausrichten und mit den Elementen Erde, Wasser, Luft und Licht (Feuer) verbunden sind. Ein Baum steht fest in der Erde, nimmt durch seine Wurzeln das Wasser in sich auf, welches durch seinen Stamm fliesst und die kleinsten Äste und die Blätter mit Lebenskraft versorgt. Wir spüren den Wind durch unsere Blätter streichen und geben der Umgebung frischen Sauerstoff mit. Wir spüren den Sonnenschein und tanken Energie. Das ist eine wunderbare und lebendige Meditation, die man sogar mit kleinen Kindern machen kann. Sie aktiviert deine Lebenskraft und schenkt dir Vertrauen, Kraft und Mut.

Diese Übung machst du am besten immer dann, wenn der Alltag hektisch ist und du das Gefühl hast, dass du oder auch deine Kinder etwas Erdung und Standhaftigkeit brauchen können.

Dein Ritual:

In der christlichen Tradition bereitet man sich heute auf die Geburt des Jesuskindes vor. Der heilige Abend wird deshalb auch die Mutternacht genannt. Heute dürfen alle Frauen geehrt werden, die der Welt Leben geschenkt haben.

Triffst du dich heute im grossen Familienkreis an einem Tisch zu einem Festmahl? Dann ist es ist ein wunderschönes Zeichen der Ehre, den Müttern und Frauen am Tisch heute zuerst das Essen zu schöpfen. Beginne dabei bei der ältesten Frau und schöpfe dann dem Alter nach absteigend, bis auch die jüngste Frau am Tisch ihr Essen bekommen hat.

Dein Räucherwerk für Weihnachten

An diesem Abend räucherst du ausschliesslich mit Myrrhe, um die Mutter Gottes, Mutter Erde, die Weiblichkeit, das Frausein und das Mamasein zu ehren.

Trage Sorge zu deinen Wünschen

Nicht vergessen: Heute startet dein Wunschritual für die Rauhnächte. Ziehe dein erstes Zettelchen und verbrenne es.

Fragen für deine Tarot- und Orakelkarten zur ersten Rauhnacht

Karte 1

Welche Energie unterstützt mich dabei, mich mit meinen Wurzeln zu verbinden?

Karte 2

Welche unterstützende Energie darf ich von meinen Ahnen empfangen?

Karte 3

Wie kann ich mich bewusst im Alltag mit dem Gefühl von Vertrauen und verwurzelt sein verbinden?

2. RAUHNACHT

25. Dezember, Weihnachten

25. Dezember, Weihnachten und zweite Rauhnacht

Ich verbinde mich mit meinem höheren Selbst. Es darf durch mich in dieser Welt erfahren und gelebt werden.

Impulse: Selbstbewusstsein und Selbstvertrauen, in deine eigene Kraft kommen, dein höheres Selbst erfahren. Deine innere Führung, der Stimme des Herzens vertrauen.

Die zweite Rauhnacht steht für den Monat Februar des kommenden Jahres.

Das höhere Selbst – oder anders gesagt, deine Seelenessenz – geht ganz tief. Deshalb ist die Bezeichnung „höheres Selbst" oft verwirrend, denn dieses höhere Selbst ist als Essenz, solange wir hier auf dieser Erde als Menschen weilen, tief in uns verankert und nicht irgendwo hoch über uns schwebend. Diese Essenz ist die Kraft eines jeden Menschen, die durch den Seelenplan hier in diesem Leben frei erfahren und gelebt werden will.

Oft liegt über der Essenz ein Schleier des Vergessens. Wir Menschen sind uns unserem seelischen Ursprung einfach nicht mehr bewusst. So umgibt uns von Geburt an ein scheinbar immer schwerer werdender Vorhang von Glaubensmustern, Prägungen, Verletzungen, Schutzprogrammen und Machtstrategien, die sich das Ego im Verlaufe des Lebens zusammengestellt hat, um sich vor Verletzungen zu schützen.
Potenzialentfaltung und Bewusstseinsarbeit, wie ich sie in der HerzBauchWerk-Formel anwende, hat zum Ziel, genau hinter diesen Vorhang zu blicken und dich deinem innersten Kern wieder näher zu bringen.

So kann es extrem befreiend sein, dir bewusst zu werden, wann du aus dem Ego (also all diesen Prägungen) heraus handelst und wann du mit deiner tiefsten Essenz verbunden bist und aus ihr heraus wirkst.

Um deiner Seele näher zu kommen und aus deinem Herzen handeln zu können, versuche, diesen einen wichtigen Unterschied in deinem Wahrnehmen zu erkennen: Wie fühlt es sich an, wenn du in deiner Mitte bist und aus ihr heraus widerstandslos wirkst und wie fühlt es sich an, wenn dein Ego die Führung übernimmt und damit beginnt zu kontrollieren, zu kämpfen und zu flüchten? Wann schlägt dir dein Ego ein Schnippchen und hält dich gefangen in Bewertungen, Verurteilungen und Schutzprogrammen?

Dein Herz und deine Essenz möchten frei sein. Das können sie jedoch nur, wenn sie mit dir in Verbindung treten können und du genug still werden kannst, um ihnen zu lauschen. Bist du wandelmutig genug, um dich deinem Herzen einfach nur so hinzugeben und loszulassen?

Wie kannst du Zugang zu deiner Essenz finden?

Es ist ganz einfach und doch so schwer: Du musst wieder mehr ins achtsame Wahrnehmen kommen. Lass deine Gedanken einfach Gedanken sein und öffne dich für die grenzenlosen Wunder deiner Seele.

Öffne dein Herz, mache dich für deine heilende und transformierende Energie weit und lausche dem Bauchgefühl, der Weisheit in dir: Diese Kombination weckt in dir das zauberhafte, wunderbare Kunstwerk, das du bist!

Heute möchte ich dich dazu inspirieren, dir deiner Gedanken und Gefühle bewusst zu werden. Sind wir Menschen nicht schon fast ein Paradox? Uns werden Gefühle und Emotionen als einzigartiges, unbezahlbares Geschenk in die Wiege gelegt. Wir zählen hier auf diesem Planeten mit den Tieren und Pflanzen zu den feinfühligsten Wesen, wenn wir denn mit unserem Fühlen im Frieden wären!

Leider haben wir aus ganz verschiedenen Gründen gelernt, unsere Gefühle zu unterdrücken. Gefühle wie Wut, Scham, Neid, Angst, aber auch Freude, Lust und Tatendrang. Sie alle werden in Schach gehalten, so dass wir ja nicht auffallen, schön brav konstant, linear funktionieren. Wir sollen ja nicht zu traurig sein, ja nicht zu glücklich sein, sonst könnte noch jemand von uns denken, dass etwas mit uns nicht stimmen könnte. Wir könnten irgendwie aus der Masse heraus treten und plötzlich unsere Wahrheit leben. Spannenderweise wirken in uns immer zwei Seiten: Die eine, die gerne einfach nur so angenommen und geliebt werden will, wie sie ist und die andere, die ihre Einzigartigkeit leben möchte. Verbindung und Eigenständigkeit müssen sich nicht gegenseitig ausschliessen. Wenn wir mit unserem innersten Erleben in Frieden und mit uns verbunden sind, sind wir es automatisch mit der Welt da draussen auch, auch wenn wir selber etwas anders ticken als die Masse.

Wenn du bewusst beginnst, dich mit all dem, was dich als Mensch ausmacht frei zu fühlen, bist du bereit dazu, dich dir selber zu schenken. Du fängst automatisch damit an, dich für deine Einzigartigkeit zu feiern, ohne irgendwelchen Normen entsprechen zu wollen.

Wenn du frei bist, wird es dir nicht mehr wichtig sein, irgendwelchen Ansprüchen im Aussen gerecht zu werden, Ziele zu erreichen, die andere dir vorgeben. Du wirst dir deiner eigenen Bedürfnisse und deiner tiefsten, innersten Wahrheit bewusst sein und du wirst dich deinem Leben und dem grossen Plan hingeben können.

Gefühle sind dazu da, um gefühlt zu werden

Gefühle kannst du nicht verstehen oder irgendwo in einer Schublade in deinem Kopf ablegen. Du kannst monatelang über einen Konflikt oder eine belastende Situation brüten. Wenn du die Gefühle, die dahinter liegen, nicht zulassen kannst, wirst du das Belastende nur sehr schwer oder gar nicht loslassen können.

Die Macht der Gedanken möchte ich dir mit einer kleinen Gedankenreise näher bringen: Schliesse nachher kurz die Augen und stell dir eine gelbe, reife, wunderbar frisch duftende Zitrone vor. Stell dir vor, wie du diese Zitrone in deinen Händen hältst, ihre Oberfläche spürst, an ihr schnupperst. Langsam nimmst du ein grosses Messer und schneidest die Zitrone in zwei Hälften. Du siehst zu, wie der Saft deiner Zitrone auf das Schneidbrett tropft, nimmst eine Hälfte der Zitrone, drückst den Saft in ein Glas aus und trinkst einen Schluck vom frisch gepressten Zitronensaft.

Was ist in deinem Körper passiert? Wahrscheinlich hat es dir den Mund zusammengezogen, deine Speicheldrüsen haben vermehrt Speichel abgesondert und du konntest schon fast den sauren Geschmack des Zitronensaftes schmecken. Stimmts?

Was hast du getan? Du hast einfach nur diesen Text gelesen und dein Verstand hat die einzelnen Buchstaben zu Worten geformt. Weshalb hat aber dein Körper offensichtlich auf die inneren Bilder einer reifen, saftigen und sauren Zitrone reagiert? Hättest du noch nie in deinem Leben eine Zitrone gesehen oder gegessen und wüsstest du nicht, dass diese sauer schmeckt, hätte dein Körper vermutlich keine Reaktion gezeigt. Da du aber wahrscheinlich schon öfter eine "saure Erfahrung" mit Zitronen gemacht hast und dein Körper diese in seinem Bewusstsein abgespeichert hat, reicht bereits die Vorstellung puren Zitronensaft zu trinken, um darauf auf der physischen Ebene zu reagieren.

Mit diesem Beispiel lässt sich gut veranschaulichen, dass unsere Gedanken ein mächtiges Werkzeug sind und immer Einfluss auf den emotionalen und den physischen Körper haben. Wenn Gedanken Emotionen auslösen und wir diese unterdrücken, blockieren wir unser System.

Anstatt achtsam mit unseren Gedanken umzugehen und unseren Geist bewusst auszurichten, lassen wir den Gedanken achtlos freien Lauf und versuchen die Gefühle und Emotionen, die unser Denken in uns auslöst, zu regulieren oder gar zu unterdrücken. Wir interpretieren, legen uns Wahrheiten zurecht, versuchen, unseren selbst gestellten Erwartungen zu entsprechen. Oft verlieren wir uns in einem Gedankenkarussell und fühlen uns dumpf und zerstreut, weil wir die Verbindung zu uns, zu unserer Mitte und zu unserer Essenz verloren haben.

Unsere Gedanken sind so laut, unsere Schutzprogramme so kraftvoll, unsere Machtstrategien so aufwändig, dass wir zu hundert Prozent damit ausgelastet sind, irgendwie zu funktionieren, anstatt still zu werden und zu fühlen, einfach zu sein.

Im schlimmsten Fall fühlen wir uns permanent gestresst, unser Körper ist oft im Widerstand und unser Geist ist mit unseren Gedanken völlig überlastet. In solchen Situationen sind wir von unserer Essenz völlig abgeschnitten.

Kurzum: Körper, Geist und Seele sind nicht im Gleichgewicht und deshalb blockiert.

Es ist Zeit, Gedankenhygiene zu betreiben.

Werde dir bewusst, wann du gegen etwas kämpfst, vor etwas flüchtest oder an etwas festhältst.

Das sind die drei Strategien deines Egos. Sie verhindern, dass du dich dem Fluss des Lebens hingeben kannst.

Sobald du einen Widerstand spürst und beginnst, gegen diesen Widerstand zu kämpfen, wird dein Ego aktiv.

Sobald du vor etwas flüchten möchtest, verleugnest du Anteile in dir, die gesehen und integriert werden möchten. Sobald du an etwas festhältst, verbietest du deinem HerzBauchWerk, in die Veränderung zu kommen und dich dem Flow hinzugeben.

Deine Essenz kennt diese Strategien nicht. Du kannst dich jederzeit mit ihr verbinden und dich von ihr leiten lassen.

Was kannst tun, um wieder ruhig zu werden? Wie kannst du mit dir verbunden bleiben, respektive dich wieder neu verbinden?

Atme bewusst.

Atem holt dich in Sekundenschnelle wieder zurück in deinen Körper. In Stresssituationen verkrampfen wir unbewusst, unser Puls erhöht sich, der Körper stellt um auf Stresssituation. Bewusstes aktives Atmen in die Stellen, die sich gerade angespannt und unangenehm anfühlen, bringt sehr schnell und effektiv Ruhe in den Körper. Und auch in deinen Geist, weil du darauf fokussiert bist, zu atmen und nicht nachzudenken.

Spüre den Boden unter deinen Füssen.

Verbinde dich mit dem Boden, spüre einen festen Stand. Mach dir bewusst, dass du im Hier und Jetzt bist.

Spüre dein Herz und deinen Bauchraum.

Lass sie weit werden. Das eigene Energiefeld zu kennen und es bewusst auszudehnen hilft dir dabei, dich einzumitten.

Bleibe präsent.

Im Hier und im Jetzt. Dehne dein Energiefeld aus, indem du dir vorstellst, wie eine kleine Lichtkugel in deinem Herzen sich immer mehr und mehr in deinem Körper ausbreitet.

Nimm all deine Gefühle, Emotionen und Gedanken aus der Beobachter-Position wahr.

Sei dir bewusst, dass du weder dein Gefühl noch dein Gedanke, sondern wahres, bewusstes Sein bist.

Lass deinen Gefühlen in einem sicheren, inneren Raum freien Lauf.

Schreibe sie auf. Beobachte sie, nimm sie an. Stelle dir vor, wie du sie wie ein kleines Baby oder junges Kätzchen in den Arm nimmst und ihnen all deine Liebe und Aufmerksamkeit schenkst.

Lausche deiner inneren Stimme.

Fang damit an, still zu werden. Sobald du still wirst, erkennst du, wann du in Gedanken bist, wann es mit dir denkt, wann du interpretierst und wann du einfach nur im Sein bist.

Selbstreflexion:

Wie vertraut ist dir deine innere Stimme?

Kannst du deine Essenz spüren?

Welche Tätigkeiten bringen dein Herz zum Tanzen, was würdest du liebend gerne auf dieser Welt bewirken?

Fühlst du dich mit deiner Essenz verbunden?

Deine Aufgabe:

Verbinde dich heute ein paar Mal bewusst mit deinem Herzen und versuche, es weit werden zu lassen und deiner inneren Stimme zu folgen. Versuche herauszufinden, wann einfach nur dein Verstand einen Gedanken denkt und wann du etwas wirklich aus tiefster, innerer Verbundenheit zu deinem Herzen tust.

Du kannst dich dazu immer wieder fragen: Ist das wahr, was ich gerade denke? Will ich diesen Gedanken jetzt gerade denken?

Versuche heute bewusst ein bis zwei Auszeiten einzubauen, in denen du einfach nur für dich sein kannst und die Welt da draussen so lässt, wie sie gerade ist. Atme tief in deinen Körper, entspanne dich, lass alle Gedanken los und spüre einfach in dich hinein.

Hast du dich schon einmal gefragt, was es für eine Kraft ist, die deinen Körper dazu veranlasst, einfach so zu funktionieren? Die dir die Möglichkeit gibt, dieses Leben hier auf der Erde zu führen? Verbinde dich mit der Kraft, die dir Leben einhaucht.
Die Kraft, die vor ein paar Jahren ein ganz klares Ja zu deinem Leben gegeben hat und dich bis jetzt stets begleitet hat und leitet.

Diese Übung machst du am besten immer dann, wenn der Alltag hektisch ist und du das Gefühl hast, dass du oder auch deine Kinder etwas Erdung und Standhaftigkeit brauchen können.

Fragen für deine Tarot- und Orakelkarten zur zweiten Rauhnacht

Karte 1

Welche Energie hilft mir dabei, mein höheres Selbst zu spüren?

Karte 2

Wie kann ich mich am einfachsten mit meinem höheren Selbst verbinden?

Karte 3

Wie kann ich lernen, achtsamer mit meinen Gedanken umzugehen?

3. RAUHNACHT

26. Dezember

26. Dezember, dritte Rauhnacht

Ich öffne mein Herz für die Liebe in mir. Liebe kennt keine Grenzen.

Impulse: Herzöffnung, Selbstliebe, Vertrauen, Vergebung, tiefe Gefühle, Dankbarkeit, bedingungslose Liebe

Die dritte Rauhnacht steht für den Monat März des kommenden Jahres.

Heute darfst du ganz bewusst dein Herz öffnen. Ich möchte dich heute dazu einladen, dich mit dem Gefühl der Liebe zu verbinden. Versuche jeder Situation, jedem Menschen heute mit offenem Herzen zu begegnen und beobachte, wie sich die Begegnungen dabei in ihrer Qualität verändern.

Das Herz ist das Zentrum unseres Energiefeldes. Wir sollten viel mehr in unserer Herzenergie verweilen, sie ausdehnen, in der Akzeptanz bleiben.

Als Erstes möchte ich dir kurz und einfach erklären, was Energie und Schwingung sind und wie sie durch unsere Umgebung, Gedanken und Gefühle beeinflusst werden können:

Alles ist Energie und auch wir bestehen aus vielen, wunderbar schwingenden Teilchen. Die Quantenphysik liefert uns heute dafür genug Beweise. Ich gebe zu: Sie sind für mich auf der rationalen Verstandesebene teilweise sehr schwer zu verstehen, zeigen uns aber auf verblüffende Art und Weise, dass jeder Gedanke, jede Emotion und jedes Wort unsere Realität formt.

Einen sehr einleuchtenden Beweis dafür lieferte mir die Arbeit von Masuru Emoto.

Der japanische Forscher hat sich sein Leben lang mit Wasser beschäftigt. Dabei hat er an den unterschiedlichsten Orten Wasserproben gesammelt und diese in einem speziellen Verfahren eingefroren. Die Kristalle, die sich gebildet haben, hat Emoto mit einem Rastermikroskop vergrössert und anschliessend fotografiert. Faszinierende Bilder von unterschiedlichsten Wasserkristallen sind daraus entstanden. Die Bilder sind um die Welt gegangen.

Emoto hat in seiner Studie Wasserproben fotografiert, die mit verschiedenen Worten oder Tönen in Berührung gekommen sind. Er hat Wasser mit dem Wort „Liebe“ besprochen oder hat dem Wasser Lieder vorgespielt oder ein Gebet gesprochen. Er hat auch Wasser untersucht, das mit den Worten „Hass“ oder „Krieg“ besprochen wurde.

Emoto machte dabei eine ganz eindrückliche Entdeckung:

Das Wasser, das negative Schwingungen aufgenommen hatte, bildete entweder in ihrer Form verzogene oder gar keine Kristalle aus.

Alles ist Schwingung. Alles ist Energie.

Also kann es sein, dass auch wir – wie das Wasser – Schwingungen aufnehmen können?

Jeder Mensch? – Kann es sein, dass es feinfühligere Menschen gibt, die genau diese Schwingungen einen Augenblick früher durch ihren Körper fliessen spüren als andere?

Wie wir Schwingungen wahrnehmen liegt in unserer Hand. Es liegt auch an uns, zu entscheiden, wie weit wir diese Schwingung übernehmen wollen oder nicht.

Wir sind für uns selbst verantwortlich. Für uns, für unseren Energiehaushalt und für unser Wohlbefinden.

Auch du bist Energie. Mit all deinen Gedanken, Emotionen und Gefühlen, die du in dir trägst, formst du dein Schwingungsfeld, dein Energiefeld. Wenn du jemandem mit einer anderen Schwingung begegnest, nimmst du diese bewusst oder unbewusst wahr. Je mehr du dich von diesem anderen Schwingungsfeld vereinnahmen lässt, desto mehr wird sich dein eigenes verändern, positiv oder negativ.

Oft beobachte ich Menschen, die das Gefühl haben, sie müssten sich vor „Energie-Vampiren" oder „schlechten" Energien schützen. Schutz hat aber immer etwas mit Rückzug und Widerstand zu tun. Sobald du das Gefühl hast, dich und deine Energie schützen zu müssen, ziehst du dich unbewusst zurück. Deine Schwingung wird niedriger und dein Gegenüber schwingt in seiner negativen Energie höher als du. Seine Schwingung überlagert die deine, und so wird seine negative „Stänkerwolke" zu deiner.

Hochsensible Menschen sind schnell überreizt wenn sie sich in einer grossen Gruppe von Menschen befinden, da sie ihr Feld von anderen Energien überlagern lassen. Aus demselben Grund können manche von uns die Schmerzen anderer am eigenen Körper wahrnehmen und bei anderen wechselt die Gemütslage scheinbar grundlos innerhalb von Sekunden von „himmelhochjauchzend" zu „zu Tode betrübt".

Es gibt einen Weg aus diesem Dilemma, ohne sich schützen oder zurückziehen zu müssen. Dieser Weg führt immer über dein eigenes Energiefeld, das du in dem Augenblick der Begegnung mit einem anderen Menschen ausdehnen kannst. Das ist eigentlich ganz einfach.

Stell dir vor, du bist ein kleiner Wasserkristall, der vielleicht gerade mit Freude oder Liebe besprochen wurde. Und du triffst jetzt auf einen anderen Kristall, der mit Wut besprochen wurde.

Es geht nicht darum, den anderen Kristall nicht wahrzunehmen, zu verändern oder gar wegzuschicken. Sondern es geht darum, in der eigenen Präsenz, der eigenen Schwingung zu bleiben und trotzdem das Andere wahrzunehmen, ohne es zu bewerten oder zu seinem Eigenen zu machen.

Übrigens: Genauso, wie es anscheinend Menschen gibt, die dir die Energie klauen, gibt es Menschen, die dich mit Energie aufladen, in eine bessere Schwingung bringen, inspirieren und motivieren können.

Bleibst du in schwierigen Situationen hundertprozentig in deinem Feld und in der Gegenwärtigkeit, ohne die Situation oder dein Gegenüber zu verändern, bleibst du zugleich auch hundertprozentig in deiner Verantwortung und gibst den Menschen in deinem Umfeld die Möglichkeit, auch ihre Schwingung auf eine positive Art und Weise zu verändern. Du wirst sichtbar für andere, indem du einfach voll und ganz bei dir bleibst und dein Herz öffnest.

Bewusst Verantwortung für das eigene Energiefeld zu übernehmen, kann der goldene Schlüssel zu einem kraftvollen Wahrnehmen deines Selbst werden. Es bringt dich in deine Eigenverantwortung für dich, deine Schwingung, deine Herzensenergie und in deinen Flow.

Bewusst Verantwortung für das eigene Energiefeld zu übernehmen, kann der goldene Schlüssel zu einem kraftvollen Wahrnehmen deines Selbst werden.

Lerne dein Energiefeld auszudehnen und trainiere deine Wahrnehmung.

Mach es dir also in den nächsten Wochen zu deinem Hobby, in deiner Energie zu bleiben und die Gefühle und Schwingungen anderer wahrzunehmen. Die Welt da draussen ist ein wunderbares Übungsfeld. Übe dich darin, ganz achtsam wahrzunehmen. Das bedeutet, dass du das, was du spürst, nicht mit dem Kopf analysierst. Bleibe in deinem Körper, im Gefühl, in der Wahrnehmung, genau so, wie wenn du in dein Sein eintauchst.

Du kannst zum Beispiel mit einer guten Freundin einen Kaffee trinken, dabei dein Energiefeld ausdehnen und versuchen, ihres wahrzunehmen.

Vielleicht erzählt sie dir gerade davon, dass sie mit ihrem Mann einen unglaublich heftigen Streit hatte, und du spürst eine Enge im Halsbereich. Sprich es dann aus: „Oh, wenn ich diese Worte höre, wird es gleich eng in meinem Hals." Vielleicht schaut dich deine Freundin etwas verdutzt an, oder sie antwortet: „Ja, stimmt! Ich fühle das auch. Ich wollte meinem Mann so viel sagen, aber konnte es nicht. Das alles steckt noch wie ein Kloss in meinem Hals!"

Und dann schau, was mit dem Kloss passiert. Meistens darf er sich schon dadurch, dass man ihn erkannt und benannt hat, auflösen. Achtsames Wahrnehmen und Bleiben in der Ausdehnung deines Energiefeldes dürfen ab jetzt zu deiner Lieblingsbeschäftigung werden.

Kommst du am Morgen ins Büro und fühlst dich schon beim Betreten des Raumes schwer? Anstatt dich den ganzen Tag dieser Schwere hinzugeben, versuche mal, dein Energiefeld auszudehnen und es leicht werden zu lassen. Entscheide dich für Leichtigkeit und dafür, einfach bei dir zu bleiben, egal was passiert. Und beobachte, wie sich deine Wahrnehmung verändert.

Eine wirkungsvolle Methode, seine Wahrnehmung zu schulen, ist auch das Verbinden mit einem Baum. Gehe in den Wald, in die Natur und suche dir einen Baum aus. Ganz intuitiv. Meistens zieht es dich regelrecht zu einem ganz bestimmten Baum. Dehne dein Energiefeld aus und fange damit an, dich mit dem Baum zu verbinden. Spüre seine Rinde, setze dich auf seine Wurzeln. Stell dir vor, wie du mit ihm Wurzeln schlägst. Stell dir vor, du bist ein Baum. Du bist verbunden mit dem Boden, mit Mutter Erde, mit einem starken Stamm, ausgerichtet in den Himmel.

Vergiss nicht: Für welche Schwingung du dich Tag für Tag entscheidest, liegt immer an dir. Es ist deine bewusste Entscheidung!

Selbstreflexion:

Welche Situationen, Orte oder Menschen stellen für dich die grösste Herausforderung dar, um in deinem Energiefeld zu bleiben?

Verbinde dich ganz bewusst mit dem Gefühl von einem offenen, ausgedehnten Herzbereich. Wie fühlt es sich ganz konkret an?

Wem oder was würdest du gerne im Leben mehr vertrauen?

Deine Aufgabe:

Verbinde dich ganz bewusst mit deinem Herzen. Fühle tief in dich hinein und frage dich: **Was beflügelt mein Herz? Wie sieht mein Herzensweg aus? Was berührt mein Herz?**

Heute darfst du deinem Herzen einen Brief schreiben.

Wähle ein schönes Briefpapier aus, tauche deinen Schreibplatz in ein spezielles Ambiente, indem du deine Lieblingsmusik abspielst oder eine Kerze anzündest. Dann verbinde dich mit deinem Herzen. Du kannst auch für ein paar Minuten in dich gehen und dir vorstellen, wie deine Herzensenergie dir gegenübersteht und mit dir spricht.

Fange nun an, zu schreiben. Schreibe so, als wäre dein Herz dein bester Freund, dein treuester Begleiter. Was wünschst du deinem Herzen?

Schreibe auf, wie dein Leben aussehen würde, wenn du es aus tiefstem Herzen heraus leben würdest. Schreibe alle deine Herzenswünsche auf.

Verbinde dich nochmals mit der Liebe, dem Universum, der Quelle und sei dir gewiss, dass sie gut Sorge zu deinen Wünschen tragen werden. Du kannst auch ganz bewusst dein Wunschglas zur Hand nehmen und es mit deiner Herzensenergie aufladen. Tauche es ein in deine bedingungslose Liebe. Lege dann diesen Brief in einen Umschlag und verschliesse ihn. Und nächstes Jahr, am 26. Dezember, öffnest du diesen Brief und liest ihn.

Verbringe heute den Tag nicht in der Sehnsucht nach deinen Wünschen, sondern so, als wären sie alle schon in Erfüllung gegangen. Verbinde dich ganz bewusst mit deinem Wunschleben und der Energie, die dahintersteht.

Fragen für deine Tarot- und Orakelkarten zur dritten Rauhnacht

Karte 1

Wie kann ich in herausfordernden Situationen am einfachsten in meiner Energie bleiben?

Karte 2

Was hilft mir dabei, mein Energiefeld zu spüren?

Karte 3

Welche Handlungen unterstützen mich dabei, mein Herz auszudehnen und präsent zu bleiben?

4. RAUHNACHT

27. Dezember

27. Dezember, vierte Rauhnacht

Ich ehre mich als das grösste Geschenk, das ich mir selbst machen kann.

Impulse: Die Verbindung zu sich selbst und anderen pflegen, sich selber mit offenem Herzen begegnen, die eigenen Gefühle zu seinen besten Freunden machen.

Die vierte Rauhnacht steht für den Monat April des kommenden Jahres.

In der letzten Rauhnacht zum Thema Herzaspekt darfst du dich nochmals so richtig dir selber schenken und in die Selbstakzeptanz eintauchen. Ich möchte dich heute dazu einladen, die Verbindung zu dir selbst zu pflegen.

Begegnest du dir, als seist du deine beste Freundin?
Ist es dir sehr wichtig, möglichst viele Freundschaften zu pflegen und nach aussen hin gut dazustehen?
Oder bist du eher jemand, der die Stille und die Verbindung zu sich selbst geniesst?

Jede Verbindung zu anderen Menschen spiegelt uns gewisse Dinge. Du hast sicher schon einmal die Erfahrung gemacht, dass es Menschen in deinem Umfeld gibt, die dich einfach nerven, ohne genau zu wissen, weshalb. Oder du bist schon einmal auf jemanden gestossen, die dir sofort völlig vertraut vorkam, obwohl du diese Person nur kurz kanntest.

Alle diese Begegnungen können in uns tiefe Emotionen auslösen. Gefühle, die uns guttun, in denen wir eine tiefe Liebe, Vertrautheit und Verbundenheit spüren. Oder aber auch „schwierige Emotionen", die in uns Widerstände auslösen wie Neid, Groll, Minderwertigkeit oder Hass.

Wenn wir anderen Menschen begegnen, ist es fast so, als würden wir in einen Spiegel schauen. Die Dinge, die wir in ihnen erkennen, sind immer auch Anteile von uns, sonst würden wir nicht mit dem, was dieser Mensch in uns auslöst in Resonanz gehen.

Falls du zum Beispiel eine Freundin hast, die dich immer wieder in gewissen Situationen mit ihrem Verhalten wütend macht, mach dir Folgendes bewusst: Es sind theoretisch nicht sie und ihr Verhalten, die in dir Wut auslösen, sondern die Tatsache, dass du in dir noch Anteile trägst, die durch das Verhalten deiner Freundin getriggert werden und deine Wut aufleben lassen. Es ist fast so wie mit der Zitrone: Die vorangegangene Erfahrung mit einer anderen Zitrone bringt dich heute dazu, nur beim Gedanken an eine Zitrone darauf zu reagieren.

Im Gegenzug erinnert dich ein Mensch, den du super toll findest und der in dir viel schönes auslösen und bewegen kann, an dieselben Anteile, die auch du in dir vorhanden sind, sonst könntest du die tollen Aspekte dieses Menschen nicht erkennen.

Ehre heute die Menschen in deinem Umfeld und die Tatsache, dass sie dir immer wieder die Möglichkeit bieten, dich in ihnen zu erkennen und besser zu verstehen.

Mache dir Gedanken darüber, weshalb sie für dich und dein Leben so wichtig sind.
Was spiegeln sie dir?
Welche Gefühle lösen sie in dir aus?
Was darfst du aus dieser Verbindung lernen?

Wenn es eine Verbindung gibt, die in diesem Jahr auf die Probe gestellt wurde, dann überlege dir, wie du Heilung in diese Situation bringen könntest. Sei dir darüber bewusst, dass deine Freunde dir immer Anteile von dir selbst spiegeln.
Welcher Aspekt in dir darf noch heilen?

Heute darfst du dich auch mit dem Feld der Menschen, die dir guttun, verbinden - mit deiner geistigen, spirituellen Familie.

Wenn du zu den Menschen gehörst, die sich immer wieder in ihrer eigenen Ursprungsfamilie einsam, nicht gesehen, nicht verstanden, nicht gehört fühlen, dann beschenke deine Familie mit viel Liebe, Dankbarkeit und Respekt.

Erlaube dir im Gegenzug, deine Aufmerksamkeit auf die Menschen zu richten, die dir guttun, deinen Geist beflügeln, dein Herz singen lassen. Menschen, die dich so sehen, wie du bist, so, wie du gerne gesehen werden möchtest.

Schlussendlich leben wir in einer grossen Menschenfamilie. Und wir alle sind durch ein kollektives Energiefeld miteinander verbunden, wir alle dürfen untereinander in Verbindung sein.

Überall, wo Menschen in einer Sache zusammenkommen, bilden sich energetische, kollektive Felder. So gibt es auch ein kollektives Feld, das die Leserinnen und Leser dieses Buches untereinander bilden.

Mit welchem Feld möchtest du dich ganz bewusst verbinden?
Welche Menschen stärken dich und dein Sein?

Sei dir selbst deine beste Freundin

Stell dir vor, du wärst deine einzig beste Freundin. Wie sehr magst du dich und die Verbindung zu dir?
Wie sehr stehst du für dich ein; wie ehrlich und integer bist du zu dir selbst?
Bist du für dich die beste Freundin, die treueste Begleiterin in deinem Leben?
Falls nicht, weshalb nicht? Was vermisst du an dir?

Du bist der einzige Mensch, der immer für dich da ist. Dein ganzes Leben lang vom ersten bis zum letzten Atemzug bist du jede einzelne kostbare Sekunde für dich da.

Ich stelle mir sehr gerne vor, wie ich als meine eigene Freundin neben mir stehe und mich selbst in meinem Leben begleite und unterstütze. Es hat überhaupt nichts mit Egoismus zu tun, wenn du dir selbst sagst, dass du für dich die wichtigste Person in deinem Leben bist. Du bist deine Nummer eins. Vom Anfang bis zum Ende.

Deshalb solltest du dir selbst doch auch am nächsten stehen oder nicht? Du darfst dich von Kopf bis Fuss so verstehen und bedingungslos lieben, wie du dir das von einer besten Freundin wünschst. Du darfst still werden und die Verbundenheit zu dir spüren, fern von allen Gedanken und Bewertungen deines Geistes.

Beobachte einmal ganz konkret, wie die Stimme in deinem Kopf mit dir kommuniziert. Spricht sie mit dir in einem wertschätzenden, liebevollen Ton mit dir oder ist sie eher sehr streng und widerspenstig im Umgang mit dir? Meistens denken wir selbst über uns in einem Ton, den wir von einer guten Freundin niemals akzeptieren würden.

Du bist viel mehr als deine Gedanken

Beobachte in den nächsten Tagen die Gedanken, die du über dich denkst und die Art und Weise, wie du mit dir selber umgehst.
Fühlst du dich mit dir verbunden?
Gehst du liebevoll und achtsam mit dir um oder nörgelst du stets an dir und deinem Leben herum?
Bist du nie gut genug?
Fühlst du dich oft einsam mit dir selbst und brauchst Ablenkung oder gehst du gerne in die Stille und verbindest dich mit deiner Mitte?

Lausche einfach mal deiner inneren Stimme und nimm wahr wie du über dich denkst. Wir werden das Thema „Gedanken“ später noch etwas tiefer betrachten. Heute ist für dich wichtig zu wissen: Du bist nicht deine Gedanken!

Gedanken können dich in Sekundenschnelle aus dem Gefühl der Verbundenheit mit dir selbst herausholen. Ein schlechter Gedanke und schon steht die Welt Kopf. Gedanken sind deswegen so einflussreich, weil sie an Gefühle gekoppelt sind. Denken wir an etwas Schönes, fühlen wir uns gut. Denken wir an etwas Schlechtes, sind wir in der Lage, Angst, Trauer, Wut, Ohnmacht zu spüren, ohne dass es einen Grund dazu gibt. Dieser Umstand allein ist nicht schlimm.

Nur wenn wir uns zu sehr mit unseren Gedanken und unserem Ego identifizieren und die schlechten Gefühle vermeiden, kontrollieren oder vor ihnen flüchten wollen, fangen wir damit an, uns Schutzstrategien anzulegen, die uns nicht guttun.

Wir fühlen uns dumpf, nicht in Verbindung mit uns selbst und können gar nicht recht sagen, weshalb es uns so schlecht geht. Und schon verlieren wir uns wieder in Gedanken, was wir tun könnten, damit es uns besser gehen könnte, oder was mit uns gerade „falsch" läuft.

Ein Gefühl kann nur gefühlt werden, es kann nicht schön oder heil gedacht werden.

Einfach mal alle Gefühle aus der Beobachterrolle annehmen, hochkommen lassen, benennen, akzeptieren, ihnen zuhören, als wären sie ein guter Freund, und ihnen all deine Aufmerksamkeit schenken. Das hilft dir dabei, dich wortwörtlich frei zu fühlen.

*Ein Gefühl kann nur gefühlt werden,
es kann nicht schön oder heil
gedacht werden.*

Selbstreflexion:

Wie sehr fühlst du dich mit dir selbst verbunden?
Wärst du gerne mit dir befreundet?
Wenn nein, was steht dir in der Freundschaft mit dir selbst konkret im Weg?
Welche Gefühle torpedieren die Verbindung zu dir selbst am meisten?

Gibt es eine Freundschaft, die dir ein ganz bestimmtes Thema widerspiegelt?
Wenn ja, was ist das Thema?
Gibt es eine Freundschaft, die du gerne heilen lassen würdest? Was könntest du heute dir und deiner besten Freundin Gutes tun?

In welchen Bereichen in deinem Leben wünschst du dir mehr Unterstützung von deinen Freunden?
Traust du dich, das klar zu kommunizieren? Falls nein, weshalb nicht?

Deine Aufgabe:

Behandle dich heute wie deine beste Freundin. Achte ganz bewusst auf deine Gedanken. Versuche einen Tag lang in einem liebevollen, wertschätzenden "Ton" über dich zu denken.
Tu dir etwas Gutes. Beschenke dich, koche dir dein Lieblingsessen. Frage dich, was deine grössten Bedürfnisse sind und versuche, noch mehr für sie einzustehen. Spüre deine Kraft, deine Energie und nimm ganz bewusst Raum für dich ein.

Pflege heute aber auch die Verbindung zu einem deiner Lieblingsmenschen.

Schreibe eine Karte, telefoniert kurz, trinkt zusammen einen Kaffee. Konzentriere dich dabei ganz bewusst auf eure Verbindung. Was macht sie aus? Was magst du an deinem Lieblingsmenschen am meisten? Was durftest du alles schon von ihm lernen? Wofür bist du ganz besonders dankbar in dieser Verbindung? Welche Themen spiegelt diese Freundschaft wider?

Fragen für deine Tarot- und Orakelkarten zur vierten Rauhnacht:

Karte 1

Welche Themen spiegeln mir die Konflikte mit meinem Partner/ meiner Partnerin meiner Freundin/ meinem Freund?

Karte 2

Welche Energie unterstützt mich, in eine wertschätzende und liebevolle Verbindung zu mir zu kommen?

Karte 3

Welche Impulse helfen mir dabei, eine achtsame Beziehung zu mir und anderen zu pflegen ?

5. RAUHNACHT

28. Dezember

28. Dezember, fünfte Rauhnacht

Meine Seele kennt keine Grenzen. Ich erlaube mir, frei zu sein.

Impulse: Glaubensmuster erkennen und auflösen, Selbstverantwortung, Transformation einleiten, Blockaden lösen, Umwandlung und Veränderung.

Die fünfte Rauhnacht steht für den Monat Mai des kommenden Jahres.

Heute darfst du deine Blockaden und Glaubensmuster erkennen und verstehen, weshalb sie in dir noch wirksam sind, damit du sie kraftvoll loslassen kannst.

Welche destruktiven Sätze sagst du dir immer und immer wieder?
Welche Worte, Gedanken und Überzeugungen blockieren dich?
Heute ist es an der Zeit, alles was du glaubst zu sein, loszulassen.

Ich bin nicht meine Gedanken.

Das ist das Mantra von heute, wenn du merkst, dass du mit dir hart ins Gericht gehst, deine Gefühle negierst, dich klein machst oder dich immer wieder kritisierst. Pflegst du einen liebevollen, wertschätzenden Umgang mit dir?

Du bist, was du denkst. Kannst du dich an das Bild mit den Wasserkristallen von Professor Emoto erinnern? Wir Menschen bestehen zu über siebzig Prozent aus Wasser. Stell dir nun vor, du denkst den ganzen Tag schlechte Gedanken über dich und die Welt. Wenn ein einziges Wort schon die Struktur eines Wasserkristalls verändern kann, was kann es dann in einem ganzen Körper bewirken?

Gedanken sind sehr paradox. Zum einen wissen wir, dass sie in der Lage sind, unsere Realität zu formen, ja sogar die Struktur von Dingen zu verändern. Und zum anderen bist du als die wundervolle Seele, die in diesem Leben eine menschliche Erfahrung macht, niemals nur das, was du denkst.

Erinnere dich: „*Ich bin nicht meine Gedanken*!" Hast du dich schon einmal gefragt, was genau dein Gehirn zum Denken, zum Produzieren von Gedanken anregt? Weshalb denkst du gerade die Gedanken, die du denkst und keine anderen?

Dein Ego ist ein mächtiges Wesen. Dein Ego kann sich nur durch Beurteilungen, Strukturen, Machtspiele und Schutzstrategien selber spüren und behaupten. All das Kämpfen, das Flüchten, das Festhalten an Überzeugungen, das Suchen nach der einen Wahrheit, das Alles-richtig-machen-wollen etc. sind die Spielfelder, der Rahmen für dein Ego. Gäbe es das alles nicht, würde es sich einfach in Luft auflösen. Dein Ego hätte plötzlich keine Daseinsberechtigung mehr. Lass uns einfach einen anderen Rahmen setzen: einen, der deinem Ego die Grundlage für seine Spielchen entzieht und stattdessen dein Bewusstsein auf einer tieferen Ebene stärkt.

Ich möchte das Ego und deine Gedanken jetzt nicht verteufeln. Manchmal macht es mir den Anschein, dass Menschen auf dem spirituellen Weg einen regelrechten Kriegszug gegen ihr Ego auffahren. Dein Ego gehört genauso zu dir, wie dein Körper und deine Seele zu dir gehören. **Es ist ein Teil deines Geistes und genauso wichtig wie die anderen Anteile.**

Wir werden uns in den letzten vier Rauhnächten noch intensiv mit deinem Werk, deinem Geist und seiner Kreativität befassen. Heute möchte ich dir eine Möglichkeit präsentieren, wie du deine limitierenden Gedanken und Blockaden zur Seite schieben und auf deine Intuition vertrauen kannst, um wieder Zugang zu deiner inneren Stimme, deinem Bauchgefühl zu finden.

Achtsam und bewusst mit den Anteilen umzugehen, bedeutet zu spüren, wann du aus deinem Egoanteil heraus handelst und wann du mit deiner Mitte, deiner Essenz und deiner Intuition verbunden bist. Das zu trainieren und zu erkennen, wann das Ego einem einen Streich im Leben spielt, bringt ganz viel Ruhe und Gelassenheit in den Alltag. Viele Dramen entfallen und du kannst dich immer wieder in die Beobachterrolle begeben.

Ich möchte dich dazu inspirieren, deine Glaubensmuster zu hinterfragen.

Wenn du dich dabei ertappst, wie ein destruktiver Glaubenssatz in dir wirkt, atme tief, halte inne und frage dich, ob das, was du in diesem Moment über dich und das Leben denkst, wirklich wahr ist und ob du dieser Vorstellung von dir Glauben schenken willst.

Ist das wirklich wahr?
Will ich diesen Gedanken von mir wirklich denken?
Will ich so über mich denken?
Wer denkt gerade diesen Gedanken?
Weshalb denkt diese innere Stimme diesen Gedanken über dich?
Ist dieser Gedanke mit absoluter Sicherheit wahr?

Frage dich, ob es für dich und dein Leben förderlich ist, so zu denken und dann entscheide dich ganz bewusst, diesen Gedanken wieder loszulassen, wenn er dich nicht nährt.

Übergib deine Überzeugungen einer höheren Macht und entscheide, heute ganz neu über dich zu denken. **Erkenne, dass Gedanken immer begrenzt sind. Unser Geist kann nie die ganze Fülle an Möglichkeiten erfassen, die in unserer Essenz versteckt liegen.**

Den Unterschied zwischen den beiden Bewusstseinszuständen zu erkennen – das heisst, bewusst wahrnehmen zu können, wann du im Ego und wann du mit deiner Essenz verbunden bist – ist spannend und **kann sehr befreiend sein**. Man nimmt irgendwann die Gedanken, die man über sich denkt, nicht mehr so wichtig, da sie wandelbar und austauschbar sind. Ich kann heute über mich denken, dass ich total doof bin, habe aber jederzeit die Möglichkeit, aus diesem Gedanken auszusteigen. Ist das nicht extrem befreiend?

Das Einzige, was es dafür braucht, um aus diesen Gedanken auszusteigen, ist ein achtsamer Umgang mit der Stimme in deinem Kopf und die Bereitschaft, mögliche destruktive Gedanken und blinde Flecken zu erkennen und zu verändern.

Dein Gehirn ist ein absolut träges Organ. Es verbraucht fünfundzwanzig Prozent aller Energie, die du benötigst, um deinen Körper am Laufen zu halten. Deshalb ist es darauf ausgelegt, Energie zu sparen. Das tut es, indem es sich Gewohnheiten und wiederholende Abläufe zulegt. Dabei kann es nicht unterscheiden, ob diese Gewohnheiten dir nützen oder schaden.

Neue Verbindungen im Gehirn zu knüpfen und Gewohnheiten zu durchbrechen, bedeutet für dein Gehirn also einen erhöhten Energiebedarf und ist grundsätzlich anstrengend. Deshalb ist es nötig, dein Gehirn zu verstehen. Sei also geduldig mit dir, wenn du damit anfangen möchtest, Dinge zu verändern. Stell dir vor, dein Gehirn ist ein kleines Kind, das schreiben lernt. Es benötigt ganz viel Übung, Training und Wiederholung, Wiederholung, Wiederholung.

Du kannst deine Gefühle nicht ändern, solange du sie mit dem Verstand kontrollieren willst. Du kannst dir noch so lange positive Sätze und Affirmationen einreden und dein Mindset trainieren. Wenn du den Wandel nicht fühlst, werden diese Sätze einfach nur leblose Worte bleiben.

Stell dir zum Beispiel Lisa vor, die erkannt hat, dass sie sich selbst sehr wenig wertschätzt. Sie möchte ihren Selbstwert steigern und murmelt jeden Tag zwanzigmal den Satz *„Ich bin wertvoll“* herunter, während sie sich abschätzig im Spiegel betrachtet. Lisa wird bald mit dieser Übung aufhören, weil die Affirmation für sie nichts anderes als eine Lüge ist. Ihr Gehirn hört diesen einen positiven Satz, kann aber damit nicht viel anfangen und keine neuen Verknüpfungen bilden, da er nicht mit einer positiven Energie aufgeladen ist. Das Gehirn von Lisa sieht schlichtweg keinen Sinn darin, in die Veränderung zu gehen, da der Aufwand viel zu gross ist.

Von der Identifikation in die Präsenz

Wie können wir denn nun diese Muster durchbrechen? Es ist einfacher, als du denkst. Du darfst aus der Identifikation deines Egos aussteigen. Stell dir dein Ego als ein Wesen und nicht mehr als dich vor.

Es ist nur ein Teil von dir, der in gewissen Situationen bestimmte Strategien und Muster hochfährt, damit er nicht verletzt wird und die Kontrolle nicht verliert. Dein wahrer, innerster Kern bleibt immer von deinem Ego unberührt.

Je öfter du diesen Egoanteil einfach loslassen und dich von ihm lösen kannst, ihn liebevoll und wertfrei beobachtest, desto weniger wirst du mit ihm verknüpft sein.

Je kleiner die Rolle wird, die dein Ego in deinem Leben spielt, desto mehr kannst du die Momente geniessen, in denen du in dein *Sein* eintauchst und dich dem Leben hingeben kannst.

Wir handeln oft aus der Identifikation heraus

Wir Menschen handeln meistens nach dem Prinzip „Haben, Tun, Sein“. Das heisst: Wir merken, dass uns irgendetwas fehlt und überlegen uns, was wir tun müssten, damit wir den Mangel, also das, was wir nicht zu haben scheinen, auffüllen können, um jemand anderes zu sein.

Im Beispiel von Lisa ist es ihr Selbstwert. Sie möchte mehr Selbstwert haben, also denkt sie zuerst darüber nach, was sie tun könnte, um selbstbewusster zu *sein*.

Alle diese Handlungen haben einen grossen Haken: Sie sind von aussen nach innen gerichtet, weil unser Tun aus einer bestimmten Erwartungshaltung heraus entstanden ist. So sucht Lisa in der Welt da draussen nach etwas oder jemanden, der ihr das schenken kann, wonach sie sich so sehr sehnt und sucht. Da sie sich selber aber nicht in der Tiefe mit ihren wahren Bedürfnissen beschäftigt, sondern den Erwartungen, wie die Dinge zu sein haben einen grösseren Stellenwert beimisst, handelt sie stets aus einem Mangelbewusstsein heraus. Kurz zusammengefasst: Wir handeln sehr oft erwartungs- und nicht bedürfnisorientiert.

Sie handelt also aufgrund ihrer Identifikation, da ein Teil von ihr analysiert und bewertet. Die Botschaft von diesem Teil ist folgende: Du hast im Gegensatz zu anderen Menschen zu wenig Selbstwert. Das ist die Ursache für dein Problem. Suche dir jemand oder etwas, dass dir mehr Selbstwert gibt.

Vielleicht findet das Ego selber eine Strategie, um diesen Mangel an Selbstwert auszugleichen, indem es Lisa vorschlägt, ein neues Auto zu kaufen oder tolle Kleider oder einen Partner zu suchen, dem sie besonders gut gefällt.

Von der Identifikation ins Sein und somit in ein neues Lebensgefühl kommen

Lass uns einfach mal die Reihenfolge von diesem Haben-wollen, von diesem Anders-sein-wollen neu sortieren, und zwar so:
sein - tun - haben

Lisa könnte, bevor sie ins Tun kommt, erst einmal mit Hilfe des Focussing in ihr bewusstes, achtsames *Sein* eintauchen, um ihre wahren Bedürfnisse hinter den Erwartungen sichtbar zu machen.

Sie könnte sich sagen: "Ach spannend, ein Teil von mir hat gerade das Gefühl, zu wenig wert zu sein und sehnt sich nach mehr Selbstwert." Dann könnte Lisa sich zehn, zwanzig Minuten Zeit gönnen und in ihr *Sein* eintauchen, um in sich hineinzuhören und diesen Mangel zu fühlen und zu beobachten, was dahinter steckt.

Im *Sein* löst sich allmählich die Identifikation aus dem Ego heraus auf. Im Sein, in der bewussten Präsenz kann die Identifikation nicht mehr wirksam sein. Du kommst ins Freifühlen, ins bewusste Wahrnehmen von all dem, was hinter der Geschichte steckt, die dir die Stimme in deinem Kopf zu erzählen versucht.

Sein wirkt immer von innen nach aussen.

Werde dir trotz all deiner Widerstände und blockierenden Gedanken bewusst darüber, wer du jenseits deiner Erwartungen, Rollen und Identifikationen sein willst. Verbinde dich immer wieder mit deinem wahren, unberührten Kern und dem dazu gehörenden Gefühl.

Lisa könnte zum Beispiel jeden Morgen aufstehen, sich fünf Minuten Zeit für ihr *Sein* nehmen und mit dem Fokus Selbstwert in ihre Präsenz eintauchen.

Dabei verbindet sie sich mit dem Gefühl von Wertschätzung und Selbstliebe. In diesem Sein nimmt sie dann alles wahr, was sich zeigen mag: innere Bilder, Worte, Gedanken. Vielleicht zeigt sich nach und nach wie der perfekte Tag aussehen würde, wenn Lisa diese Selbstwertschätzung wahr werden lassen und leben würde. Lisa würde sich geliebt, umsorgt und wertvoll fühlen und zwar schon jetzt und nicht erst dann, wenn sie genug Selbstwert hätte.

Erkennst du den Unterschied?

Diese bewusste, neue Ausrichtung von innen nach aussen wirkt sich ganz automatisch auf das Tun von Lisa aus. Am Anfang vielleicht ganz langsam, in kleinen, homöopathischen Dosen. Aber Lisa weiss tief in ihrem Inneren, wer sie sein wird, wenn sie sich selbst genug wertschätzt, und sie ändert so im Jetzt nach und nach ihren Fokus. Schritt für Schritt, bis sie den Selbstwert haben wird, den sie sich immer gewünscht hat.

Ich möchte dich heute inspirieren, all die Denkmuster zu erkennen, die nicht mehr zu dir passen. Das ist nicht schwierig. Mache sie dir bewusst und sei bereit, sie gegen ein neues Denken umzutauschen.

Viele Denkmuster und Gedanken sind mit einem Gefühl, einer Emotion verbunden. Es ist zum Beispiel logisch, dass du dich nicht wirklich gut fühlst, wenn du denkst, dass du nicht sehr schlau bist. Auch hier kannst du der Emotion nachgehen, erkennen, dass sie nur ein Gefühl ist, das mit dem Gedanken verbunden ist und mit ihm weiterziehen darf. Dass alles kommt und geht wie eine Wolke am Himmel. Du kannst es bewusst beobachten, indem du in den Prozess des *Seins* eintauchst.

Alle diese Gedanken loslassen, alle Probleme, alle Dinge, die Ereignisse nicht mehr verstehen wollen. Sie alle ganz einfach und kraftvoll dem grossen Ganzen übergeben und sich frei machen – das ist für mich der erste Schritt zur Transformation.

Elementar ist, dass du dranbleibst. Werde achtsame Beobachterin deiner Gedanken und übe dich täglich darin, bewusst in dein neues *Sein* einzutauchen und es zu fühlen.

Gib deinem Gehirn die Zeit, die es braucht, um seine Gewohnheiten zu verändern und neue Synapsen zu bilden.

Selbstreflexion:

Welche Glaubenssätze prägen dich am meisten?

Welche Glaubensmuster, Schutzstrategien und Blockaden haben sich immer wieder in diesem Jahr gezeigt?

Welche tiefen Glaubensmuster möchtest du endlich für dich auflösen?

Deine Aufgabe:

Nimm dir ein paar Minuten Zeit und notiere dir alle destruktiven Glaubensmuster und Blockaden, die du gerne loslassen und auflösen möchtest.

Du kannst dabei weit zurück in deine Kindheit reisen. Welche einengenden Sätze die du von deinen Eltern gehört hast, prägen dich heute noch?

Schreibe jeden negativen Satz über dich selbst auf der dir in den Sinn kommt. Dann nimmst du ein neues Blatt Papier und schreibst für jeden negativen Glaubenssatz eine positive Affirmation für dich.

Wenn du zum Beispiel den Glaubenssatz "*Ich bin hässlich*" aufgeschrieben hast, dann schreibst du jetzt auf das neue Blatt "Ich bin wunderschön". Schreibe immer in der Gegenwartsform und positiv, also nicht verneinend. "*Ich bin nicht schlampig*" würde man mit "*Ich bin ordentlich*" ersetzen. Zum Schluss nimmst du dein Blatt mit all den negativen Glaubensmustern, liest sie nochmals durch und löst sie ganz bewusst auf. Danach kannst das Blatt verbrennen, auseinanderreissen und dem Wind übergeben, vergraben oder im Fluss versenken.

Dein Blatt mit den Affirmationen darfst du an einem Ort aufhängen, an dem du sie jeden Tag sehen und lesen kannst.

Dein Ritual:

Falls du heute deine Wohnung oder dein Haus räucherst, stelle dir ganz bewusst vor, wie du alle deine destruktiven Gedanken und Glaubensmuster dem Rauch übergibst und hinausziehen lässt, wenn du die Fenster öffnest.

Fragen für deine Tarot- und Orakelkarten zur fünften Rauhnacht

Karte 1

Welche Energie hilft mir, meine Glaubensmuster und destruktiven Gedanken zu erkennen?

Karte 2

Wie kann ich mich bewusst mit meinen wahren Bedürfnissen verbinden?

Karte 3

Was unterstützt mich im Loslassen von destruktiven Gedanken?

6. RAUHNACHT

29. Dezember

29. Dezember, sechste Rauhnacht

Ich bin wahr, klar und ehrlich

Impulse: Bereinigung, loslassen, klären, heilen, integrieren.

Die sechste Rauhnacht steht für den Monat Juni des kommenden Jahres.

Falls du bis jetzt noch nicht geräuchert hast, dann wäre heute der beste Zeitpunkt dafür. Denn die aktuelle Rauhnacht steht unter dem Stern der (Be-)Reinigung. Heute darfst du auf allen Ebenen ausmisten, bereinigen, loslassen.

Was sind die grundlegenden Dinge, die du brauchst, um glücklich, ausgeglichen und in deiner Mitte zu sein? Wo schleppst du noch unnötigen Ballast mit dir herum, der dich runterzieht und dich daran hindert, dein Potenzial zu entfalten? Was darfst du heute ganz bewusst der Heilung übergeben?

Bereinige heute alles, was es zu bereinigen gibt und mache dich frei von unnötigem Ballast.

Vielleicht gibt es heute auch noch ganz alltägliche Dinge zu bereinigen bevor das neue Jahr anbricht. Bezahle zum Beispiel deine offenen Rechnungen oder Schulden wenn möglich noch im alten Jahr.

Vielleicht schreit dein Kleiderschrank, deine Küche oder das unordentlichste Zimmer im Haus schon seit Monaten nach einer Entrümpelung.

Miste heute ganz bewusst aus und lasse alles los, was dir nicht mehr dienlich ist.

Mache aber nicht nur auf der physischen, sondern auch auf der emotionalen Ebene Ordnung.
Vielleicht steht schon lange ein klärendes Gespräch mit jemandem an, der dir nahesteht.

Mit der sechsten Rauhnacht kannst du die Themen von der fünften Rauhnacht noch tiefer betrachten und bereinigen. Wenn du dir gestern Gedanken über all deine destruktiven Glaubensmuster und Blockaden gemacht hast, ist in dieser Nacht der perfekte Zeitpunkt um alle diese Lasten zu bereinigen.

Ein sehr kraftvolles Werkzeug, das dir dabei behilflich sein kann, ist Ho'oponopono.

Themen bereinigen mit Hilfe von Ho'oponopono

Ho'oponopono ist ein altes Vergebungsritual, welches die Ureinwohner von Hawaii heute noch anwenden.

Ho'oponopono hilft dir dabei, Situationen in Liebe anzunehmen und zu vergeben. Man kann praktisch alles in das Ho'oponopono Ritual einbinden: destruktive eigene Glaubenssätze, schwierige Beziehungen zu anderen Menschen, grosse Herausforderungen und Enttäuschungen, etc. Dieses Ritual hilft dir dabei, Frieden zu finden und loszulassen. Es erlaubt dir, schweren Ballast über Bord zu werfen.

Ho'oponopono = etwas in Ordnung bringen

Der Grundsatz des Ho'oponopono ist, dass wir alle eins sind und dass alle Anteile (Gefühle, Emotionen, Verhaltensweisen, Muster, Programme, Neigungen etc.) in jedem einzelnen Menschen vorhanden sind und geheilt werden dürfen.

Es geht darum, dass alles was du im Aussen erlebst (bzw. was dir im Aussen begegnet), in irgendeiner Weise (bewusst oder unbewusst) von dir erschaffen wurde.

Weil du diesen von dir erschaffenen Anteil, diese Emotion noch nicht wirklich als deinen eigenen Teil angenommen hast, wird er noch durch das Aussen gespiegelt. Dadurch siehst und erkennst du das Thema, die Emotion, den Seelenanteil, der von dir in Ordnung gebracht werden will sichtbar gemacht. Du erkennst, wo Heilung und Vergebung passieren darf.

Übernimm jetzt die Verantwortung für alles, was sich in deinem Leben zeigt. Übernimm die Verantwortung für jedes Gefühl und jede Situation in deinem Leben, um sie dann mit dem Ho'oponopono-Prozess bewusst heilen zu können.

So funktioniert es

Verbinde dich mit einer Situation, einer Person oder einem schwierigen Gefühl, das du gerne in dir bereinigen möchtest.

Spüre ganz achtsam in dich hinein. Wo in deinem Körper nimmst du eine Veränderung wahr? Welche Gefühle zeigen sich dir?

Atme ein paar Mal tief ein und aus. Lass alles auf dich zukommen und in dir wahrnehmen, was wahrgenommen werden will. Dann machst du für das, was du bereinigen möchtest, das Ho'oponopono-Heilritual.

Der Ho'oponopono-Prozess:

Es tut mir leid

Ich richte diese Worte an mich selbst. Während ich sie sage, erkenne ich, dass ich zu 100 Prozent verantwortlich bin, dass dieses Gefühl oder dieses Problem in mir vorhanden ist.

Beispiel: *Es tut mir leid, dass mich mein Mann immer wieder wütend macht.*

Ich vergebe mir/dir

Ich vergebe mir, dass ich dieses Gefühl, diesen Anteil, dieses Problem (unbewusst) kreiert habe. Und ich vergebe dir, dass du es mir widerspiegeln musst.

Beispiel: *Ich vergebe mir und meinem Mann, dass er in mir immer wieder das Gefühl von Wut auslöst.*

Ich liebe mich/dich

Ich liebe mich mit diesem Gefühl/Anteil/Problem. Es gibt keine Feinde ausserhalb von mir. Alles ist in mir, und wenn ich meine Schattenaspekte, die zu dieser Situation geführt haben, liebe, dann heilen sie.
Ich liebe dich. Danke, dass du mir dabei hilfst, diese Erinnerung in mir jetzt zu heilen.

Beispiel: *Ich liebe mich mit all meiner Wut, die in mir ist und die ich gegen meinen Mann richte, den ich von ganzem Herzen liebe. Und dem ich dankbar bin, dass ich diese Wut in mir jetzt heilen darf. Ich liebe meinen Mann, auch wenn er mich wütend macht.*

Ich danke dir

Dass dieses Gefühl, dieser Anteil in mir sich jetzt klären, reinigen und heilen kann. Danke für das Leben, danke für diese Situation. Danke für die Heilung und dafür, dass die Liebe in mir immer freier strahlen und neue wunderbare Resonanzen erzeugen kann. Danke dir, dass du mir dabei hilfst.

Selbstreflexion:

Was möchtest du dieses Jahr hinter dir lassen?

Was ist dir noch dienlich und was nicht?

Was brauchst du, um ein glückliches Leben zu führen?

Was sind die Dinge, die für dich wichtig sind?

In welchen Bereichen in deinem Leben lebst du noch völlig gegen deine Werte?

Wem möchtest du heute vergeben, welche ungeklärte Situation willst du heute noch bereinigen?

Deine Aufgabe:

Heute ist ein guter Tag, um auszumisten! Welche überflüssigen Dinge, ausgedienten Kleider und defekten Sachen möchtest du nicht mit ins neue Jahr nehmen?

Sortiere sie aus und konzentriere dich auf das Wesentliche.
Zahle heute noch alle offenen Rechnungen.

Dein Ritual:

Nutze das Ho'oponopono-Ritual, um auch geistig in dir auszumisten und um Situationen, schlechte Gefühle und Konflikte zu bereinigen.

Räuchere dein Haus oder deine Wohnung. Die heutige Rauhnacht ist am besten dazu geeignet.

Fragen für deine Tarot- und Orakelkarten zur sechsten Rauhnacht

Karte 2

Welches Thema soll ich bereinigen?

Karte 1

Welche Energie hilft mir im Prozess des Bereinigen?

Karte 3

Welche Veränderung tritt in meinem Leben ein, wenn ich dieses Thema bereinigt habe?

7. RAUHNACHT

30. Dezember

30. Dezember, siebte Rauhnacht

Ich verbinde mich mit meiner Intuition

Impulse: In der Präsenz sein, wahrnehmen auf allen Ebenen, sich dem Leben hingeben, in den Flow kommen, sich öffnen für das Neue, Hingabe.

Die siebte Rauhnacht steht für den Monat Juli des kommenden Jahres.

Tauche heute in deine Präsenz ein und nimm intuitiv wahr, welchen neuen Möglichkeiten du dich in Zukunft öffnen möchtest.

Achtsamkeit ist so etwas Wundervolles. Sie hilft uns dabei, einfach nur präsent zu sein, sich mit dem, was ist, zu verbinden und in den Fluss des Lebens einzutauchen.

Viele feinfühlige Menschen haben Mühe damit, dass ihre Sinne ausgeprägter sind als bei anderen Menschen und sie intensiver wahrnehmen. Ich persönlich finde das ganz wunderbar und wünsche mir viel mehr Menschen, die sich auf den Weg machen, um feinfühliger zu werden.

Medialität oder Sensitivität ist für mich nur eine Stufe im grossen Bewusstwerdensprozess von uns Menschen. Eine Ebene, die wir erreichen, wenn wir in unserem Bewusstsein wachsen.

Es ist ganz normal, dass wir unsere eigene Schwingung erhöhen können, wenn wir anfangen, unser Leben achtsam und bewusst zu gestalten. Die Frage ist nur, ob wir auch damit umgehen können, die Emotionen anderer zu spüren, feinzufühlen und bewusst zu merken, was uns guttut und was nicht.

Wenn wir noch nicht bereit sind, tief in unser Sein einzutauchen, in uns wahrzunehmen und alles frei zu fühlen, was sich zeigt, wird es uns auch immer schwer fallen, das feine Wahrnehmen bei anderen zuzulassen. Genau das ist der Grund, weshalb viele feinfühlige Menschen ein Problem mit der intensiven Wahrnehmung haben. Sie trauen sich noch nicht wirklich, diese Wahrnehmung bewusst nach Hause, in ihren physischen Körper zu holen.

Frage dich heute ganz bewusst, ob du bereit bist, mehr deiner Intuition zu vertrauen, sodass dein Leben intensiver, bunter, sensibler und spannender werden darf.

Deine Intuition, dein Bauchgefühl ist etwas, das dir von Geburt an in die Wiege gelegt wurde und eigentlich nicht verlorengehen kann. Es ist etwas Wunderschönes!

Die Magie der Hingabe

Beobachte einmal Kinder wenn sie spielen. Sie sind im Flow, ganz bei sich und vergessen die Welt um sich herum. Sie sind absolut verbunden mit dem Moment. Sie sind im Reinen mit sich. Sie machen sich keine Gedanken darüber, ob das, was sie tun, sinnvoll, richtig oder falsch ist. Sie geben sich voll und ganz ihrem Spiel, ihrem Sein hin. So lange, bis ein Erwachsener kommt, dieses Spiel bewertet und dem Kind sagt, wie es richtig zu spielen hat.

Kinder sind die meiste Zeit absolut in Verbindung mit ihrem HerzBauchWerk. Das heisst, dass sie sich mit allem was ist, verbunden fühlen, Vertrauen spüren, ihr Herz öffnen und Gefühle einfach nur fühlen und zulassen. Kinder sind noch nicht limitiert durch Angst, Glaubensmuster, Schutzstrategien und geschlossene Denkweisen, so wie wir das sind.

Mit der Zeit lernen Kinder von uns Erwachsenen, was richtig und was falsch ist, was man tut und was eben nicht. Meistens geben wir unseren Kindern uralte Glaubensmuster weiter, die auch wir schon von unseren Eltern und diese von ihren mitgenommen haben, ohne sie zu hinterfragen.

Später werden sie in der Schule oft auf Leistung getrimmt, sie werden verglichen und durch ein Notensystem in die Kategorien „gute SchülerInnen" oder „schlechte SchülerInnen" eingeteilt. Wir alle haben diese Prozesse durchgemacht. Wir alle haben Tausende von Glaubensmustern übernommen und geben diese auch weiter. Bewusst oder unbewusst.

Wir lernen, dass wir unser Gehirn das ganze Leben lang trainieren sollen. Wir lernen, dass wir unseren Körper fit halten sollen. Wir haben im Laufe der Zeit Geisteswissenschaften entwickelt, unsere Körper bis hin zum kleinsten Teilchen erforscht. So etwas wie eine „Seelenwissenschaft" gibt es aber nicht.

Seelen sind in ihrer Form so einzigartig wie wir Menschen selbst. Es gibt deine Seelenwahrheit und meine. Beide sind absolut richtig, wenn wir sie aus der Perspektive der Seele betrachten. Verweigern wir jedoch über Jahre den Blick auf diese Ebene, lassen wir unser Bewusstsein für unseren feinstofflichen Körper verkümmern. Wir kappen die Verbindung zu unseren Seelenanteilen und dem tiefen Wissen in uns.

Es ist so wichtig, dass du auch auf diesen Teil von dir Acht gibst, lernst ihn zu verstehen und anzunehmen. Sonst bist du immer wieder im Widerstand gegen dein Bauchgefühl.

Körper, Geist und Seele wollen immer miteinander verbunden sein, vergiss das nicht. Es sind diese drei Bereiche, die dein Wesen als Ganzes ausmachen. Es ist genauso einseitig, sich nur auf den seelischen Bereich zu konzentrieren, wie es auch einseitig ist, sich nur auf der rationalen Verstandesebene zu bewegen oder sich nur mit dem Körperlichen zu befassen.

Es ist wichtig, das feinstoffliche Wahrnehmen nicht ausser Acht zu lassen. Besinne dich immer wieder darauf, wie es dir geht. Vielleicht merkst du plötzlich, dass das was du denkst, so gar nicht zu dem passt, was du fühlst und umgekehrt.

Auf deine Intuition zu vertrauen, bedeutet auf dich zu vertrauen

Intuitives Wahrnehmen bedeutet, dich selbst so anzunehmen, wie du bist. Ganz und kompromisslos. Es bedeutet, dich nicht zu bewerten, sondern nur zu beobachten, in den Flow zu kommen. Einfach nur zu sein. Und genau das kannst du jeden Tag tun, indem du achtsam in dein Sein eintauchst.

Das Spannende an der Intuition ist, dass sie oft im Verborgenen bleibt. Ich höre nicht selten von meinen Klientinnen, dass sie ihr Bauchgefühl nicht erkennen oder nicht spüren, im Aussen aber so unglaublich viel wahrnehmen können. Dafür gibt es eine einfache Erklärung: Sie richten ihre Wahrnehmung nach aussen.

Anstatt in sich zentriert zu bleiben und von innen nach aussen wahrzunehmen, richten viele ihre Wahrnehmung von aussen nach innen. Mit dem Risiko, dass ihr Empfangstrichter mit Informationen so überfüllt wird, dass ihr System mit der Verarbeitung nicht mehr Schritt halten kann. **So ist die Reizüberflutung perfekt!** Die Überreizung kann sich in unendlich vielen Gedanken, Gefühlen, Nervosität und Niedergeschlagenheit zeigen.

Bauchgefühl, Intuition, die innere Stimme sind für mich etwas, das man mit einem sehr scheuen Tier vergleichen kann: **Die Intuition mag Stille.** Wenn du sie beobachtest, geht es darum, ganz ruhig und präsent zu sein, damit sie hinter den Büschen hervorkommen und sich dir zeigen kann. Laute Gedanken und intensive, verdrängte Gefühle machen es deiner Intuition äusserst schwer oder gar unmöglich, sich dir zu zeigen und zu offenbaren.

Es geht also darum, still zu werden, in die Präsenz einzutauchen, all deine Anteile zu verbinden und einfach wahrzunehmen.

Ich möchte dich dazu ermutigen, zu dir, deinem Bauchgefühl und all dem, was du in dieses Leben mitbringst, Ja zu sagen. Kompromisslos und wertfrei. Lass uns gemeinsam auf die Suche nach deinem Bauchgefühl gehen. Lass uns eintauchen in deine Essenz, spüren, wo du ruhst, wer du bist, fern von allen Gedanken, Mustern und Zielen.

Einfach du. Es ist nämlich der Ort, der dich leitet, wenn dein Geist nicht mehr weiter weiss. Es ist der Ort, an dem du unglaublich viele Ressourcen hast und zu allem fähig bist. Es ist der Ort, der keine Grenzen kennt, keine Schmerzen, keine Krankheiten. Es ist der Ort, an dem du heil bist.

Was ist es denn genau, dieses Bauchgefühl, diese Intuition? Und wie können wir sie spüren, aktivieren, in uns ankommen?

Wieder auf die eigene Intuition vertrauen zu können, ist ein Prozess in mehreren Schritten

Zuerst einmal musst du wieder spüren

Deinen Bauch, dein Gemittetsein, die Stille in dir. Dazu darfst du erst einmal zur Ruhe kommen. *Sein* (Anleitung im Kapitel 3) oder Meditation sind wunderbare Hilfsmittel, die dich lehren, wie du deine Gedanken bewusst loslassen kannst.

Baue langsam wieder Vertrauen in deine Intuition auf

Beobachte sie ganz achtsam. Sie ist dein treuer Begleiter, der sich immer wieder meldet. Der Verstand, die Gedanken sind sehr laut. Die Intuition, das, was in dir ruht, ist immer leise, gleichzeitig aber sehr kraftvoll und beständig.

Aktiviere die *Intuition immer wieder bewusst im Alltag*

Baue dir dazu gezielt achtsame Momente ein und schenke deine ganze Präsenz diesem einen achtsamen, gegenwärtigen Augenblick.

Zum Schluss braucht es eine Portion Mut

Mut, sich wirklich bewusst auch mitten im Leben, im Alltag vom Herzen und vom Bauchgefühl leiten zu lassen.

Führe ein Tagebuch mit deinen Erfahrungen

Ich rate dir, deine Erfahrungen in einem Tagebuch aufzuzeichnen. Spannend ist es, wenn du zum Beispiel vor einer Herausforderung oder einer Entscheidung stehst.

Mache dann zwei Spalten: In die eine Spalte schreibst du, was dein Verstand zu der ganzen Sache sagt. In die andere Spalte schreibst du, was deine Intuition dazu meint. Das heisst, du notierst jedes Gefühl, jedes innere Bild, jeden Impuls während du in dein Sein eintauchst.

Vergleiche dann beide Spalten, beide Wahrnehmungen. Stimmen sie überein? Welcher Bereich fühlt sich für dich stimmiger an? Das, was dir die Stimme im Kopf über dein Leben erzählt und berichtet, wie es zu sein hat oder das, was deine innere Stimme dir über die Ebene des bewussten Seins zu erzählen hat?

Diese Übung hilft dir dabei, den Unterschied zwischen dem bewussten und unbewussten Erleben deines Selbst zu spüren.

Frage dich dann: Von welchem Teil will ich mich lieber leiten lassen?

Selbstreflexion:

Was möchtest du im nächsten Jahr tun, um dich besser mit deiner Intuition zu verbinden und auf sie zu vertrauen?

Welchem Thema möchtest du dich in Zukunft voller Hingabe widmen?

Welchem Lebensbereich schenkst du im nächsten Jahr all deine Aufmerksamkeit, deine Liebe und dein bewusstes Sein?

Deine Aufgabe:

Lass Altes los. Bade ganz bewusst und achtsam oder dusche ausgedehnt. Stell dir vor, dass mit dem Wasser, all das Alte und Ausgediente den Ablauf hinunterfliesst und mitgeht, hinaus aus deinem Leben. Streife das Alte, das nicht mehr dienlich ist, ab wie eine Haut, die du nicht mehr brauchst. Häute dich, wie die Schlangen das tun.

Verbinde dich mit deiner Kindheit und überlege dir, was du als Kind unglaublich gerne, voller Hingabe gemacht hast. Welche Tätigkeit hat dich die Welt um dich herum vergessen lassen?

Wo konntest du so richtig im Flow, in deiner Präsenz sein? Haben diese Tätigkeiten auch heute noch ihre Gültigkeit? Machst du sie immer noch gerne? Dann widme dich ihnen heute. Tauche in deinen Flow ein.

Fragen für deine Tarot- und Orakelkarten zur siebten Rauhnacht

Karte 1

Welche Energie hilft mir, mich mit meiner Intuition zu verbinden?

Karte 2

Wie kann ich tiefes Vertrauen in mich und meine innere Stimme finden?

Karte 3

Welcher Impuls erinnert mich daran, mehr meiner inneren Stimme zu vertrauen?

8. RAUHNACHT

31. Dezember, Silvester

31. Dezember, Silvester
achte Rauhnacht

Ich habe die Kraft, jeden Moment neu zu schöpfen

Impulse: Neuanfang, Neugeburt, Schöpfertum, Empfangen, Kreativität, die Macht der Gedanken.

Die achte Rauhnacht steht für den Monat August des kommenden Jahres.

Heute wird gefeiert!

Das alte Jahr stirbt in dieser Nacht definitiv, das neue wird geboren! Wir feiern die Geburt des neuen Jahres. Wer selbst schon einmal geboren hat, die weiss, in welche gewaltige Kraft wir Frauen in diesem wundervollen Prozess eintauchen dürfen.

Als ausgebildete Kursleiterin in mentaler Geburtsvorbereitung weiss ich, dass es zwei Arten gibt, wie frau mit dieser gewaltigen Geburtskraft umgehen kann: Entweder frau öffnet sich ganz entspannt für sie und lässt sie widerstandslos durch sich hindurch wirken, oder frau ist im Widerstand. Dann wird es für den Körper oft schwer und sehr schmerzhaft zu gebären.

Heute möchte ich dich dazu inspirieren, der Geburt des neuen Jahres genauso widerstandsfrei zu begegnen, wie wenn du selbst gebären würdest.

Öffne dich für das, was kommen darf, tauche in diese magische Rauhnacht ein und lass das neue Jahr dich neu gebären.

Geburt bedeutet immer auch Transformation

Falls du selbst Mama bist, weisst du, auf wie vielen Ebenen die Geburt eines Kindes Veränderung mit sich bringt. Nicht nur das Kind wird geboren, auch die Gebärende wird zur Mutter, der Erzeuger zum Vater. Die Geburt ist ein Prozess, vor dem wir nicht flüchten können, er kommt unweigerlich, genauso wie der Tod. Beides sind Übergänge in den grossen Zyklen, denen wir nicht entkommen, sondern uns ihnen einfach nur hingeben können.

Dein ganzes Leben besteht aus geboren werden und sterben. Etliche Veränderungsprozesse hast du schon durchgemacht, sie sind Transformation pur.

Wie nimmst du Veränderung in deinem Leben wahr?
Bist du jemand, die sich den Prozessen einfach so hingeben und mit ihnen fliessen kann? Verunsichern dich Veränderungen grundsätzlich?

Festhalten, kämpfen und flüchten

Das sind die drei Aspekte, die uns immer daran hindern, einer Veränderung, einem Prozess freien Lauf zu lassen und mitzugehen.

Stell dir einfach mal die heutige Nacht vor: Wie würdest du sie verbringen, wenn du dich permanent dagegen wehren würdest, dass um 24.00 Uhr ein neues Jahr anbricht?

Dein Körper wäre wahrscheinlich permanent angespannt, deine Gedanken würden dir die ganze Zeit die Frage stellen, ob das nächste Jahr auch so gut oder herausfordernd werden würde wie das letzte. In dir würde wahrscheinlich ein Gefühl von Stress und Angst hochkommen. Du könntest dich nicht wirklich auf das neue Jahr freuen, weil du so sehr am Alten festhalten würdest und einen Kampf gegen die Zeit kämpfen würdest, den du nicht gewinnen kannst.

Diese Geschichte hört sich für dich vielleicht etwas skurril an. Aber in Wirklichkeit gibt es sehr viele Bereiche in unserem Leben, in denen wir genau so handeln: Schon längere Zeit steht ein Wandel an, wir wehren uns aber noch dagegen, sind noch nicht bereit dazu, in den heilenden Prozess einzutauchen, weil unsere Gedanken und Ängste uns zum Kämpfen, Festhalten oder Flüchten anleiten und wir von Zweifeln geplagt sind.

Aktiviere deine Kreativität

Kreativität ist für mich eine der grossen magischen Waffen von uns Menschen, vor allem von uns Frauen. Hast du gewusst, dass die Kreativität unserer Gebärmutter zugeordnet wird? Eigentlich logisch, oder? Denn genau dort kommt ein höchst krea(k)tiver Prozess in Gang, wenn wir ein Kind empfangen.

Kreativ zu werden, heisst auch, aktiv zu werden. Man öffnet sich für ganz viele Möglichkeiten, öffnet seinen Kanal, lässt es fliessen. **Kreativität lässt uns in den Flow eintauchen. In diesem Zustand gibt es weder Widerstände noch ein Festhalten oder Flüchten.**

Kreativität aktiviert in uns die Freude fürs Leben und hilft uns dabei, auf leichte Art und Weise in unsere Veränderungsprozesse einzutauchen. Vielleicht findest du heute im Verlaufe des Tages ein- bzw. zweimal die Zeit, in deine Kreativität einzutauchen. Sie bewirkt Wunder, glaube es mir. Denn Kreativität ist dein Ausdruck direkt ab Quelle. Sie ist deine Essenz, die du auf Papier bringst, die du besingst oder beschreibst. Sie macht dich zur Schöpferin deiner selbst.

Wenn du dich gerade nicht als Künstlerin oder Sängerin siehst, dann werde dir bewusst, dass Kreativität immer damit zu tun hat, etwas zu schöpfen, zu kreieren. Kreativität hilft dir dabei, ins Tun zu kommen. Ich persönlich finde, dass Kreativität ein höchst spiritueller Prozess ist.

Heute darfst du schöpferisch werden und dein Potenzial leben. Ich kann mich noch gut daran erinnern, als ich mit dem Malen angefangen habe. Mein innerer Kritiker hat mich immer wieder mit anderen verglichen.

Sätze wie: „*Das hätte ein Kind malen können.*" oder „*Dich nimmt eh niemand ernst, du hast ja auch keine Kunstschule besucht.*" und „*Was soll das Ganze hier eigentlich?*" tauchten immer wieder auf.

Doch das Gefühl, das ich verspürte, wenn ich malte, war immer richtig.

Also, wie kann etwas falsch sein, dass sich so richtig gut anfühlt? Ich habe mich irgendwann genau das gefragt. Kann etwas, das mir so viel Freude bereitet, falsch oder zu wenig sein?

Du bist ein wunderschönes, kreatives Feuerwerk mit so vielen Überraschungen. Es wäre zu schade, es nicht zu zünden. Das hier ist dein Leben, dein Kunstwerk, deine Leinwand, dein neues Jahr, das von dir bemalt und gestaltet werden will.

Wir alle sind Künstler, die Lebenskünstler unserer eigenen Existenz. Deshalb möchte ich dich dazu ermutigen, dein Leben in deine kreativen Hände zu nehmen und nach deinen Vorstellungen zu formen. Forme es nicht nach deinem Verstand, sondern verbinde dich mit deinem Herzen. Spüre dieses wohlige Gefühl in deinem Bauch und erschaffe dein einzigartiges Lebenswerk.

Vielleicht wirst du ganz kreativ und phantasievoll neue Wege gehen in deinem Leben. Wege, die unkonventionell sind. Aktiviere heute die Schöpferkraft in dir.

Ich wünsche dir jedenfalls
einen ganz wundervollen Rutsch ins neue Jahr!

Selbstreflexion:

Was möchtest du im kommenden Jahr neu gebären?

Was brauchst du, um dich der Geburt deiner neuen Projekte widerstandslos hingeben zu können?

Wie kannst du am besten loslassen?

Was hindert dich noch daran, dich neu zu gebären? In welchen Bereichen verhinderst du den Wandel, indem du kämpfst, flüchtest oder festhältst?

Deine Aufgabe:

Treffe dich mit Freunden oder der Familie, feiere die Geburt eines neuen Jahres.

Überlege dir, was du ganz bewusst in diesem neuen Jahr auf die Welt bringen möchtest.

Was bedeutet Geburt für dich? Wie war deine eigene Geburt? Könntest du vielleicht deine Mutter (noch) dazu befragen? Siehst du Parallelen in deinem Leben? Oft ziehen sich Themen, die wir bei unserer Geburt erlebt haben, wie ein roter Faden durch das ganze Leben. So haben zum Beispiel Menschen, deren Geburt eingeleitet wurden, oft das Gefühl, etwas zu verpassen oder zu spät zu kommen.

Dein Ritual:

Einen Blick in die Zukunft wagen ... In der Silvesternacht darfst du orakeln was das Zeug hält. Hast du Lust, eine ausgedehnte Legung mit Tarot- oder Orakelkarten zu machen? Runen zu werfen oder Blei zu giessen? Dann los! Keine Rauhnacht eignet sich besser dazu wie die Silvesternacht.

Übrigens: In den südländischen Ländern tragen die Frauen zu Silvester rote Unterwäsche. Das soll besonders viel Glück im neuen Jahr bringen.

Fragen für deine Tarot- und Orakelkarten zur achten Rauhnacht

Karte 1

Welche Energie wird mich im neuen Jahr begleiten?

Karte 2

Was möchte im neuen Jahr durch mich geboren werden?

Karte 3

Was kann ich tun, um mich widerstandsfrei der Veränderung hinzugeben?

9. RAUHNACHT

1. Januar, Neujahr

1. Januar, Neujahr, neunte Rauhnacht

Ich verbinde mich mit meinen Visionen und bin bereit, sie zu fühlen und zu leben.

Impulse: Empfangen, Wachstum, Einzigartigkeit, in Resonanz sein, sich der Fülle im Leben öffnen

Die neunte Rauhnacht steht für den Monat September des kommenden Jahres.

Heute möchte ich dich dazu inspirieren, dich voll und ganz der Fülle in deinem Leben zu widmen. Heute wollen wir alle Mangelgedanken loslassen. Denn Mangel ist der grösste Feind unseres kreativen Geistes. **Überlege dir, wofür du in deinem Leben dankbar bist. Welche Dinge sind im Überfluss vorhanden? Was möchtest du gerne noch mehr in dein Leben einladen?**

Öffne dich deinen Wünschen, indem du sie zu einer kraftvollen Vision werden lässt. Gehe ganz achtsam mit deinen Visionen um. Beginne ganz sachte damit, sie zu fühlen. Und dann lebe sie. Sonst bleiben sie nur flüchtige Träume, die vielleicht nie in Erfüllung gehen werden. Visionen, die nicht in die Machbarkeit heruntergebrochen werden, bleiben für immer Luftschlösser. Zu viele unerfüllte Träume können deinen Selbstwert mindern und fühlen sich wie Misserfolge an.

Ist ein Wunsch von Mangelbewusstsein und zu viel Sehnsuchtsenergie geprägt, kann er nicht in Erfüllung gehen. Sind wir in Resonanz mit dem, was wir in unser Leben holen wollen, spüren wir schon genau, wie es sich anfühlt, wenn wir uns in der Fülle unserer Wünsche bewegen. Wir erzeugen ein mächtiges Resonanzfeld, das all die Dinge, die Umstände und die Menschen anzieht, die wir brauchen, um unsere Vision zu leben.

Stell dir vor, du wirfst einen Ball gegen eine Wand, wohl wissend, dass er mit der gleichen Kraft, mit der du ihn losgeschickt hast, zu dir zurückkommt. Das ist das Gesetz der Resonanz. Zerbrich dir also nicht den Kopf darüber, auf welche Art und Weise sich deine Wünsche erfüllen. Du musst den Weg nicht kennen, er wird sich auf wundersame, klare Weise zeigen, je klarer und bewusster du in Resonanz mit deiner Vision bist.

Wenn wir uns erwartungsfrei in der Fülle unserer Wünsche bewegen, erzeugen wir ein mächtiges Resonanzfeld, das all die Dinge, Umstände und Menschen anzieht, die wir brauchen, um unsere Vision zu leben.

Weshalb das Erschaffen aus den alten Ego-Geschichten niemals eine Veränderung bringen wird

Wir koppeln Gedanken an Gefühle und nehmen beides oft sehr persönlich.

Lass uns mal ganz bewusst deinen Geist, also dein Hirn und dein Ego erforschen und den Zusammenhang zu deinen Gefühlen erkennen: Wir Menschen haben uns eine seltsame Eigenschaft angeeignet: Wir koppeln Gedanken an Gefühle und nehmen beides oft sehr persönlich. Es ist unser Ego, das sich dann damit identifiziert und daraus eine Ich-Geschichte konstruiert und ins Bewerten geht.

Im Laufe unseres Lebens machen wir abertausende Erfahrungen. Erfahrungen, die in uns Gedanken, Bewertungen und Gefühle auslösen. Die wir oft, wie schon gesagt, ziemlich persönlich nehmen. So konstruieren wir verschiedene Rollen, Schutz- und Machtstrategien, die unserem Ego irgendwie dabei helfen sollen, mit der ganzen Identifikation klar zu kommen.

Anstatt frei einfach das zu fühlen, was wir fühlen, wird uns oft schon von Kindesbeinen an gelehrt, dass man nicht wütend sein soll, dass zu viel Freude zeigen lästig ist, oder das wir uns schämen sollten, wenn wir etwas falsch machen. Irgendjemand redet uns ein, wie wir mit den Emotionen umzugehen hätten. Ob dieser Umgang gut oder schlecht für uns ist, sei mal dahin gestellt.

Unser Gehirn speichert jeden einzelnen Reiz ab. Oft auch im Unterbewusstsein. Vielleicht fühltest du dich zum Beispiel als Kind immer unverstanden von deinen Eltern, wenn sie genervt die Augen verdrehten, weil du wieder einmal nicht das getan hast, was sie von dir erwartet haben. Dein Hirn speichert diese Situation als schmerzhaft oder beschämend im Unterbewusstsein ab. Es hat gelernt, dass wenn jemand vor dir die Augen verdreht, dein Emotionalkörper mit dem Gefühl von Scham und Unverständnis reagiert.

Nun, was passiert im Jetzt, wenn du vor einer Person stehst, die die Augen verdreht? Genau. Du wirst dich dabei sich-er ziemlich unwohl und unsicher fühlen.

Aber weshalb?

Ganz einfach: Dein Gehirn bekommt einen Reiz und gleicht ihn in seinem Erinnerungsareal mit früheren Erlebnissen ab. Es scannt ab, ob du irgendwann eine Erfah-rung mit einem Augenverdreher gemacht hast und siehe da: Es findet im System die Situation, die Jahre oder Jahrzehnte zu-rückliegt, als deine Eltern vor dir die Augen verdrehten und in dir das Gefühl von Scham, Trauer und Angst auslösten, weil du nicht so gesehen wurdest, wie du dir das gewünscht hättest.

Dein Hirn holt in Sekundenbruchteilen diese schmerzhafte Situation wieder hervor. Der Reiz bekommt so eine Bedeutung und wird mit einem Gefühl gekoppelt.

Kommen wir also wieder zurück ins Jetzt, wo dein Partner dir gegenüber steht und die Augen verdreht. Ausschlaggebend ist nun, wie du mit diesem Gefühl umgehst. Wenn dein System gelernt hat, in die Offensive zu gehen, wirst du wahrscheinlich deinem Partner gegenüber aufbrausend reagieren. Wenn dein System solchen Emotionen lieber aus dem Weg geht, ziehst du dich vielleicht zurück und schmollst.

Ganz egal, wie du reagierst, Fakt dabei ist, dass das, was im Aussen passiert, immer eine Erinnerung aus der Vergangenheit in dir wachküsst, die du mit einem Gefühl koppelst. (Stichwort Zitrone) Das Gefühl löst wiederum trennende Gedanken aus, die versuchen, die Situation zu kontrollieren. **Du reagierst in diesem Augenblick also immer aus der Vergangenheit und bist nicht im Hier und Jetzt.**

Anstatt einfach in diesem Moment zu bleiben und wahrzunehmen, was gerade ohne Bewertung freigefühlt werden will, fangen wir damit an, in den Widerstand zu gehen, zu beurteilen, zu kämpfen oder zu flüchten. Unser Ego möchte uns schützen und erfindet deshalb die unterschiedlichsten Überlebensstrategien, die uns vom wahren Sein und dem Fluss des Lebens abkoppeln.

Wir koppeln unser Glück an Erwartungen und Bedingungen.

Wir wollen jemand anderes *sein*, müssen dafür etwas anderes *haben* und *tun* die verrücktesten Dinge, weil wir einer Vorstellung von uns hinterher rennen, die vielleicht gar nicht unserer wahren Essenz entspricht.

Anstatt in uns wahrzunehmen und zu forschen, was sich gerade jetzt zeigen will, suchen wir im Aussen nach Strategien, die uns diese Kopplung an die Vergangenheit wegzaubern lassen. Wie soll das funktionieren?

Du kannst dein Glück nicht an Ereignisse im Aussen koppeln.

In der vierten Rauhnacht haben wir uns schon einmal mit den drei kleinen Worten:
sein - tun -haben
beschäftigt. Heute erkläre ich dir, die wie diese achtsame Lebenseinstellung dir dabei helfen kann, in ein neues Denken, Fühlen und Handeln zu wechseln.

Stell dir einmal vor, wie dein perfektes Leben aussehen würde. Ein Leben, in dem alles so läuft, wie du es dir für dich von ganzem, vollem Herzen wünschst.

Was tust du dann?
Und vor allem: Wie fühlst du dich dabei?
Verbinde dich heute ganz bewusst mit der Person, die du dann sein willst.

Sein, *Tun* und *Haben* können für dich im nächsten Jahr die drei Zauberworte für mehr Fülle werden, wenn du sie konsequent in dieser Reihenfolge anwendest.

Vergiss nicht: *Sein*, *Tun* und *Haben* lässt dich von innen nach aussen wirken, **aus deiner tiefsten Essenz heraus**. Jetzt erkennst du den Unterschied, denn *Haben*, *Tun* und *Sein* wirkt von aussen nach innen und lässt dich sehr schnell den Fokus für das Wesentliche verlieren, weil das *Sein* dann so unglaublich weit weg und fast nicht erreichbar scheint.

Wenn du still wirst, dein Herz öffnest kannst du erkennen, welche hemmenden Gedanken und Gefühle deine Intuition verdecken. Wenn du dich deiner Kreativität öffnen kannst, dann kommst du automatisch in dein *Sein*. Du bist dann verbunden mit Seele, Geist und Körper, verbunden mit deinem HerzBauchWerk, und du spürst dich auf eine ganz neue, tief wahre Art und Weise, die du nicht erklären musst.

Dein *HerzBauchWerk* zu leben bedeutet automatisch in ein *neues Handeln*, welches auf *sein*, *tun* und *haben* ausgerichtet ist, zu kommen.

Deine Persönlichkeit wird durch dein Denken, Fühlen und Handeln geformt. Wenn du dich weiterentwickeln und dein Leben in neue Bahnen lenken möchtest, musst du zwangsweise diese drei Aspekte deiner Persönlichkeit verändern. Du musst lernen, neu zu denken, freier zu fühlen und bewusster zu handeln.

Sein, *tun* und *haben* unterstützt dich dabei, diese Veränderung in die richtige Reihenfolge zu bringen und erleichtert dir deinen inneren Wandel.

Selbstreflexion:

Gab es in den letzten Tagen, Wochen oder Monaten Triggersituationen, die dich aus einer alten Verletzung heraus handeln liessen?

Wenn ja, welche waren es? An welche alten Wunden erinnern sie dich?

Werde dir dieser Wunden bewusst und lass sie zum Beispiel mit Hilfe von Ho'oponopono los.

Wie möchtest du das nächste Mal reagieren, wenn dir wieder eine ähnliche Situation vom Leben geschenkt wird? Gehe ganz bewusst in dein neues Sein und stell dir vor, wie du anders handeln wirst.

Deine Aufgabe:

Verbinde dich mit der goldenen Energie der Fülle. Entzünde ein Licht für das neue Jahr, öffne dich für die Fülle in dir und all die Schätze, die du in dir trägst.

Sei dir bewusst, dass du nichts im Aussen suchen musst.

All die Antworten auf deine Fragen trägst du in dir. Du bist die Fülle, die du suchst! Du trägst den goldenen Schatz in dir!

Segne dich, das neue Jahr, deine innere Mitte. Nimm dir heute Zeit, in die Stille zu gehen und dir zu lauschen. Meditiere, sei offen für Antworten, die dir der heutige Tag zeigen möchte. Tauche in dein *Sein* ein!

Dein Ritual:

Heute ist auch ein wunderbarer Tag, um deine Kreativität frei zu lassen und ein Vision Board zu gestalten. Dazu brauchst du ein grosses Blatt Papier, Stifte, Klebstoff und eventuell Zeitungen, oder du druckst dir schöne Bilder aus dem Internet aus. Verbinde dich mit deiner Vision, all deinen Wünschen, Träumen und Zielen fürs nächste Jahr und fange damit an, Bilder zu suchen, auszuschneiden, aufzukleben, zu malen und zu gestalten. Auf dein Vision Board kommt alles, was dir Kraft und Freude schenkt und dich dabei unterstützt, in Zukunft deinen perfekten Tag auch zu leben.

Fragen für deine Tarot- und Orakelkarten zur neunten Rauhnacht

Karte 1

Welche Energie hilf mir, in ein neues Denken zu kommen?

Karte 2

Welcher Impuls unterstützt mich dabei, mich freier zu fühlen?

Karte 3

Was kann ich tun, um konkret in ein neues Handeln zu kommen?

10. RAUHNACHT

2. Januar

2. Januar, zehnte Rauhnacht

Ich lasse meine Herzenswünsche durch meine Visionen, Träume und Eingebungen wahr werden.

Impulse: Visionen, Träume, Eingebungen, Weissagungen, das Universelle, das Göttliche, die Quelle deiner Kreativität.

Die zehnte Rauhnacht steht für den Monat Oktober des kommenden Jahres.

Heute darfst du dich ganz bewusst deinen Visionen, Träumen und Eingebungen öffnen. Ich möchte dir zeigen, wie du alle Aspekte deines HerzBauchWerkes miteinander verbinden und im Alltag integrieren kannst. Jede noch so schöne Philosophie, jede noch so tolle Ausbildung bringt dir überhaupt nichts, wenn du nicht damit anfängst, die Dinge, die dich inspirieren, zu leben.

Inspiration, Erkenntnis und Vertrauen ins Leben. Das sind die drei Schritte, die einen Wandel so richtig in Gang bringen, damit er widerstandslos wirken kann. Du weisst ja: Es gibt drei Dinge, die dich in deiner Veränderung blockieren können: Kampf, Festhalten und Flucht.

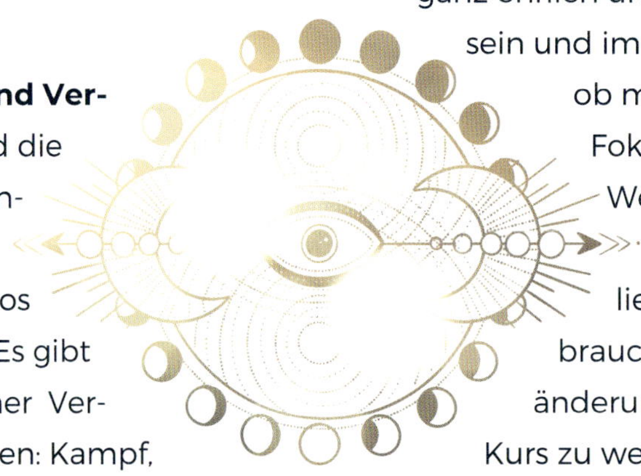

Nimm dir eine Minute Zeit und überlege dir, ob es in deinem Leben Bereiche gibt, die du gerne in Veränderung bringen möchtest, dies aber bis jetzt noch nicht so richtig geklappt hat. Kann es sein, dass du in diesem Bereich noch gegen irgendeine Situation ankämpfst, an ihr festhältst oder versuchst, vor etwas zu flüchten? Falls ja, dann gratuliere ich dir. Du hast gerade erkannt, welche Schutzstrategie dich daran hindert, endlich in die Veränderung zu gehen.

Sein HerzBauchWerk zu leben, bedeutet auch, sich mit seiner ganz eigenen Spiritualität zu verbinden und seiner inneren, weisen Stimme zu vertrauen. Es bedeutet, ganz ehrlich und integer mit sich selbst zu sein und immer wieder zu reflektieren, ob man auf Kurs ist und seinem Fokus folgt, oder langsam vom Weg abkommt. Vergiss nicht: Dein Gehirn ist träge. Es liebt seine Gewohnheiten. Es braucht ein Weilchen, um in Veränderung zu kommen und seinen Kurs zu wechseln.

Der Begriff ‚Spiritualität' ist in der Umgangssprache schon fast zu einem ebenso verpönten Wort geworden wie der Begriff ‚Esoterik'. In meinen Augen beschreiben jedoch beide Worte etwas Wunderschönes und sind absolut individuell und einzigartig. Wir Menschen sind es, die den Inhalt dieser Begriffe missbraucht, sie ins Lächerliche gezogen und ihnen einen unseriösen Touch verliehen haben.

Esoterik ist das Gegenteil von Exoterik und bedeutet nichts anderes als die Lehre des Inneren, nach innen gerichtet, innen. So gesehen müsste sich ein Esoteriker also mit nichts anderem als mit der Lehre seines Inneren beschäftigen.

Auch das Wort Spiritualität kommt aus dem Altgriechischen und verbindet die Worte Spiro (ich atme) und Spiritus (Geist); sie definiert Geistigkeit; inneres Leben, geistiges Wesen.

Ich selbst hatte lange Zeit eine grosse Abneigung gegen diese beiden Begriffe und regelrecht Angst davor, dass mich irgendwann einmal jemand als esoterisch und spirituell bezeichnen könnte. Heute verstehe ich die Bedeutung dieser Worte auf einer ganz neuen Ebene.

Wir alle sind geistige Wesen, die in diesem Körper eine menschliche Erfahrung machen. HerzBauchWerk ist ein Erfahrungsraum, der deinen Fokus bewusst in dein Innerstes lenkt und dich zur Forscherin deines Selbst macht. Also wirken wir gemeinsam auf der spirituellen und esoterischen Ebene, ob wir es wollen, oder nicht.

Ich verstehe Spiritualität als etwas höchst Intimes und etwas absolut Einzigartiges. Sie lässt sich nicht in eine Religion, ein Konzept oder Regeln pressen. Deshalb werde ich dir niemals eine genaue Anleitung mit auf den Weg geben, wie du deine Spiritiualität zu leben hast.

Im Gegenteil. Das Einzige, was ich für dich tun kann, ist einen Raum zu schaffen, in dem du dir deines Selbst bewusst werden darfst.

Das Wirken von innen nach aussen

Uns Menschen wurden über die Jahre und Jahrtausende unzählige, einschränkende Strukturen im Aussen auferlegt. Glauben, Politik, Gesetze, Regeln, Status Quo, Geld ... Wir fingen damit an, zu vergleichen, zu bewerten, einzuteilen, uns selbst irgendwo in eine Schublade zu stecken.

Warum, wozu? - Damit wir gute, folgsame und lenkbare Menschen sind. Damit wir uns an die Regeln halten, die uns auferlegt werden, und so funktionieren, wie man das von uns verlangt.

Zu welchem Preis? - Oft spüren wir uns selbst nicht und finden manchmal sogar unseren Zugang zu unserer Mitte nicht mehr. Wir müssten doch eigentlich glücklich sein. Die meisten von uns verdienen genug Geld für ein komfortables Leben, haben einen tollen Partner, intelligente Kinder... Aber trotzdem fehlt immer etwas, egal, wie viel wir noch kaufen und anhäufen, wie viel wir noch erreichen, wie sehr wir noch unseren Geist trainieren.

Ich bin felsenfest der Überzeugung: Wenn wir uns vermehrt auf die Reise zu uns, in unser Innerstes begeben und uns bedingungslos annehmen, wie wir sind und damit anfangen, alle Gefühle, die dieses Leben uns schenkt, willkommen zu heissen, merken wir, wie sehr wir alle mit uns und dem Leben verbunden sind.

Ich spüre ganz fest, dass die Zeit dafür reif ist. In den letzten beiden Jahrtausenden hat sich die Menschheit sehr stark auf das Geistige konzentriert. Wir haben Geisteswissenschaften ins Leben gerufen und verstanden, wie wir unseren Geist so trainieren können, dass wir möglichst alles erklären können. Wir haben uns auf das „ich habe" konzentriert und alles getan, um vom *Haben* ins *Tun* zu kommen.

Im Moment spüren ganz viele Menschen, dass dieser Aktivismus nicht mehr ausreicht, um ein glückliches und erfülltes Leben zu gestalten, immer mehr von uns verstehen, dass wir von *„ich habe"* zu *„ich bin"* oder eben ins *Sein* wechseln dürfen.

„Ich bin" hat nichts mit Egoismus zu tun, sondern damit, dass wir verstehen und spüren, dass wir ein Teil des grossen Ganzen und stets verbunden sind mit allem, was ist. "Ich bin" oder eben *Sein* lädt dich dazu ein, deine innere Wahrheit zu finden und zu erforschen um authentisch von innen nach aussen zu wirken. Mit offenem Herzen, in tiefer Liebe zu dir, deiner inneren Stimme folgend mit einem freien Geist.

Verantwortung für sein Handeln übernehmen

Jeder Mensch trägt grundsätzlich immer hundertprozentig Verantwortung für sich, sein Tun und Wirken. Sozusagen das volle Kapital. Achte gut darauf, dass du immer deine hundert Prozent bei dir behältst. Denn wenn du damit anfängst, jemand anderen zu beschuldigen oder dich als Opfer einer Situation siehst, fängst du unbewusst damit an, Teile deiner Verantwortung einem anderen Menschen oder anderen Umständen abzugeben. So kann es sein, dass von deiner Verantwortung, die eigentlich zu dir gehören würde, in Wirklichkeit nur noch siebzig Prozent bei dir übrig sind. Die anderen dreissig Prozent hast du an deinen Partner, deinen Chef oder an deine Kinder verschenkt.

Ein Leben als HerzBauchWerkerin zu führen, bedeutet, Schritt für Schritt wieder in seine volle Verantwortung für Körper, Geist und Seele zurückzukommen. Es bedeutet, dir selbst zu vertrauen und bedingungslos zu akzeptieren und zu lieben. Es bedeutet, voll und ganz in „ich bin" einzutauchen und sein *Sein* zu verstehen und von innen nach aussen zu leben.

Ich bin überzeugt, dass das Wirken aus dem innersten Kern und das bewusste, achtsame Leben seiner eigenen Spiritualität, diese Welt zu einem besseren, friedvolleren Ort machen würde. Wir würden spüren, wie wir in uns weilen, während wir mit allem verbunden sind. Uns wäre bewusst, dass der Schmerz, den wir unserem Partner, Kind oder Angestellten bereiten, auch unser eigener Schmerz ist und unsere Verletzungen nicht heilen lässt.

Wir würden verstehen, dass man für Frieden, Liebe und Toleranz nicht kämpfen, sondern sie in sich und für sich entfalten lassen muss.

Selbstreflexion:

Wie fühlt sich für dich deine eigene Spiritualität an?

Wenn du voll und ganz in deiner Mitte bist, deinem Herzen und deinem BauchGefühl vertrauen kannst, welches Leben führst du dann?

Was brauchst du, um das neue Jahr bewusst, achtsam, in deiner Mitte und nach deinen Visionen zu gestalten?

Deine Aufgabe:

„Dein perfekter Tag" ist eine wunderbare Übung, um dich immer wieder mit deinen innersten Wünschen und Visionen zu verbinden und sie wirklich lebendig zu machen. Am besten machst du diese Übung am Anfang jeden Tag und schreibst sie auf. Später reicht es, sie einmal in der Woche durchzuführen. Ich persönlich liebe es, mit der Vision von meinem perfekten Tag aufzuwachen und einzuschlafen.

Und so funktioniert dein perfekter Tag

Setze oder lege dich hin und verbinde dich mit Hilfe von *Sein* mit dem Leben, das du führen wirst, wenn all deine Stolpersteine, Hindernisse und Glaubensmuster, mit denen du heute noch zu kämpfen hast, nicht existent wären.

Wie würde dein perfekter Tag aussehen?

Was würdest du tun, wenn du zum Beispiel deinen Traumjob hättest oder endlich selbstständig wärst oder deinen Traumpartner gefunden hättest?

Nimm alles wahr und schreibe alles auf, was dir in den Sinn kommt. Wo du lebst, was du anziehst, was du isst und trinkst. Etwas ist ganz wichtig: Fühle in dich hinein. Tauche so tief in die Bilder deines perfekten Tages ein, dass du ihn spüren kannst. Wie geht es dir dabei? Wie fühlt sich dein Körper an? Wie fühlt es sich an, der Mensch zu sein, der man gern sein würde?

Diese Übung ist deshalb so kraftvoll, weil sie direkt in deinem Unterbewusstsein zu wirken beginnt und aus deinem Sein entspringt. In dem Moment, in dem du deinen perfekten Tag spürst, bist du in deinem zukünftigen *Sein* und kommst automatisch in ein *Tun*, das dich Schritt für Schritt in ein neues *Haben* führt.

Bleibe ein paar Minuten in diesem Gefühl und in dieser Ausrichtung. Wenn du magst, kannst du auch sehr gerne ein Bild von deinem perfekten Tag malen oder ihn in deinem Vision Board einbauen.

Das Wichtigste von deinem perfekten Tag ist aber tatsächlich das Fühlen und das bewusste *Sein*.

Fragen für deine Tarot- und Orakelkarten zur zehnten Rauhnacht

Karte 1

Welche Energie hilft mir, mich mit meinem perfekten Tag zu verbinden?

Karte 2

Was kann ich tun, damit meine Herzenswünsche in Erfüllung gehen?

Karte 3

In welcher Form möchte sich meine Spiritualität in mir entfalten?

11. RAUHNACHT

3. Januar

3. Januar, elfte Rauhnacht

Tod und Trennung sind eine Illusion. Im bewussten Sein herrscht immer Leben und Verbundenheit

Impulse: Loslassen und Abschied nehmen, sich der Illusion des Todes bewusst werden, Transformation, sich den Prozessen hingeben, leben, sterben, integrieren.

Die elfte Rauhnacht steht für den Monat November des kommenden Jahres.

Der November gilt als der Totenmonat, und da diese Rauhnacht dem Monat November zugeschrieben wird, wollen wir uns heute auch mit dem Tod beschäftigen. Denn bevor etwas Neues geboren werden kann, muss etwas Altes sterben. Wir leben in immerwährenden Zyklen von Schöpfung und Vergehen.

Leider haben wir Menschen es verlernt, nach unseren Zyklen zu leben. Vor allem wir Frauen sind sehr zyklische Wesen. Jeden Monat stirbt in uns ein Ei und im Gegenzug darf wieder ein neues geboren werden. Wir gehen mit dem Rhythmus des Mondes, bauen auf und wieder ab, fühlen uns mal wie ein kleines, unschuldiges Mädchen oder ein anderes Mal wie die alte Weise – je nachdem, in welcher Zyklusphase wir uns gerade befinden.

Der Tod ist theoretisch kein Drama. Es ist unser Ego, das aus ihm ein Drama macht, uns die Geschichte erzählt, dass alles, was stirbt für immer verschwunden ist und nie mehr zurück kommt in unser Leben.

Frage dich heute, was du in deinem Leben, ohne grosses Tamtam ganz leicht sterben lassen willst

Was ist es, dass dich daran hindert, so zu leben, wie du bist, in deinem ganz eigenen Rhythmus? Wo bist du bereit, zu sterben? Lass heute nochmals ganz bewusst die Dinge los, an denen du krampfhaft festhalten willst.

Überlege dir, was deinem Leben Sinn verleiht, was wirklich wichtig ist.

Kannst du dich voll und ganz den Zyklen des Lebens hingeben?
In welchem Bereich möchte in deinem Leben jetzt gerade ein Zyklus enden?

Wo möchte vielleicht schon lange Zeit etwas Neues entstehen und geboren werden?

Gibst du diesem Projekt den erforderlichen Raum und das Vertrauen, das es gerade braucht?

Gibt es etwas, dass du loslassen solltest, und es will dir aus irgendeinem Grund einfach nicht gelingen?

Welchen Prozess möchtest du endlich abschliessen und welchen neu starten?

Wenn du magst, dann kannst du heute zwei Blatt Papier zur Hand nehmen. Auf das eine schreibst du alle Prozesse, Projekte, Menschen, Ereignisse, Verletzungen etc. aus dem letzten Jahr auf, die du endlich loslassen und abschliessen möchtest.

Auf das andere Blatt Papier schreibst du auf, was du im neuen Jahr in Angriff nehmen möchtest. Was willst du lernen?
Wo möchtest du endlich heil werden?

Was möchtest du in Veränderung bringen?

Zum Schluss legst du beide Blatt Papier mit der Rückseite nach oben auf den Boden und zwar so, dass du nicht weisst, welches welches ist. Stelle dich nun auf ein Papier und fühle in dich hinein. Wie fühlt sich die Energie deiner Worte an? Was nimmst du wahr?

Empfängst du Bilder, Worte, Gefühle, Farben? Wenn du fertig bist, machst du das gleiche mit dem anderen Blatt und nimmst dort wahr. Zum Schluss darfst du beide umdrehen und das Geschriebene mit deiner Wahrnehmung vergleichen.

Übrigens kannst du diese Übung auch machen, wenn du vor einer Entscheidung stehst und nicht weisst, wie du dich entscheiden sollst. Ich empfehle sie jeder, die mitten in seinen Gedanken und Abwägungen der Vor- und Nachteile stecken bleibt und dann, wenn sich das Gedankenkarussell schnell dreht.

Schreibe auf zwei oder mehr Zettel alle Optionen auf, die sich dir gerade zeigen, und stelle dich auf die Zettel, ohne zu wissen, auf welchem du stehst. So muss dein Geist, dein Ego ruhig werden, und deine Intuition – das kleine scheue Tier in dir – bekommt Raum für das Fühlen.

Wenn du fertig mit wahrnehmen und aufschreiben bist, kannst du das Geheimnis lüften und deine Aufzeichnungen mit den einzelnen Themen, die auf den Zettel stehen vergleichen. Du kannst so erkennen, ob deine innere Wahrnehmung mit den Gedanken korrespondiert.

Wandel sein

Bist du auch der Meinung, dass wir Menschen in einer Zeit des Wandels stecken? Bewusst oder unbewusst merken wir, dass vieles in Zukunft wegbrechen wird. Viele Strukturen funktionieren einfach nicht mehr so, wie sie bis jetzt funktioniert haben. Wir sehnen uns danach, uns auf Augenhöhe, mit offenem Herzen zu begegnen und in einer friedlichen Welt zu leben. Vor allem die Kinder der neuen Zeit tragen ganz viel von dieser Energie des Wandels in sich.

Ich finde die Zeit ist reif, genau für diese Kinder den Weg zu bereiten. Ganz egal ob du Mutter oder Vater, Grossmutter, Grossvater oder Tante bist: Ich möchte dich dazu ermutigen, den Wandel in dir in Gang zu setzen. Dabei geht es nicht darum, dass du von heute auf morgen ein anderer Mensch wirst.

Versuche jeden Tag ein bisschen wandelmutiger zu werden und mehr und mehr ein HerzBauchWerk zu sein

Ich glaube fest daran, dass es uns Menschen einfach besser gehen wird, wenn wir erkennen, dass wir wunderbare, kreative Wesen sind, die miteinander Unglaubliches bewegen können. Dazu braucht es keine Chefs, Regierungen oder Gurus. Es braucht nur Leute wie dich und mich, die bereit sind, ihr Denken und ihr Herz zu öffnen, in Verbindung zu gehen und sich von ihrer Intuition leiten zu lassen.

Kreativität ist ein unglaublich kraftvolles Werkzeug. Leider haben wir damit angefangen, zu definieren, was nun kreativ und schön, was hässlich und langweilig ist.

Mit diesem Buch will ich dir einen kleinen Anstoss geben, dich mit dir, deiner Mitte, deiner spirituellen Kraft, die deine Kreativität erschafft, zu verbinden, beides frei zu lassen, um dich und deine Essenz zu spüren, um herauszufinden, was genau deine Bedürfnisse in deinem wunderbaren Leben sind, damit du es glücklich und bewusst geniessen kannst.

Entzünde das Feuer in dir und werde klar

Jeder Mensch brennt für etwas, für ein Lebensthema, einen Job, seine Liebsten, die er im Leben begleitet. Suche heute ganz bewusst nach deiner Passion, nach deinem inneren Feuer. Was macht dir unglaublich viel Freude? Wenn du das Gefühl hast, nichts zu finden, dann fühle dich zurück in deine Kindheit. Was hast du als Kind unglaublich gerne getan? Welche Tätigkeiten haben dich als Kind alles um dich herum vergessen und in einen tiefen Flow-Zustand eintauchen lassen?

Vielleicht möchtest du dir heute die Erlaubnis geben, wandelmutiger zu werden, indem du deine wertvolle Kreativität lebst und das Feuer deiner Passion entfachst, bedingungslos einfach „nur" du bist, deine Bedürfnisse erkennst und für dich einstehst.

Zusammen mit vielen anderen Menschen geht es für uns darum, die eigene Individualität zu akzeptieren, authentisch zu werden und gleichzeitig zu erkennen, dass wir als Individuen trotzdem noch alle miteinander verbunden sind.

Jede Einzelne darf sich leben, von innen heraus, Kanal sein, in ihrer Kraft und gleichzeitig mit den anderen Menschen in ihrem Umfeld liebevoll verbunden sein.

Selbstreflexion:

Was kannst du ohne grosses Tamtam ganz leicht sterben lassen in deinem Leben?

Hast du Angst vor dem Tod? Falls ja, was möchtest du unbedingt noch in deinem Leben auf diese Welt gebracht haben, bevor du stirbst?

Was ist es, das dich daran hindert, so zu leben, wie du bist, in deinem ganz eigenen Rhythmus?

Überlege dir, was deinem Leben Sinn verleiht, was dir wirklich wichtig ist.

Deine Aufgabe:

Stell dir vor, der Tod ist nur ein Konstrukt unseres Verstandes. Erinnere dich daran, dass wir nur Reisende von Leben zu Leben sind. Stell dir vor, wenn wir wirklich Seelen sind, die zwischen den Welten reisen.

Wie viele Leben hast du dann wohl schon gelebt?

Verbinde dich heute einmal ganz bewusst in der Stille mit deinen Ahnen und den alten Leben, die du geführt hast. Und staune, welche Bilder sich dir zeigen werden.

Dein Ritual:

Hier eine etwas „verrückte“ Übung: Stell dir vor, du wärst gestorben und du besuchst deine eigene Beerdigung. Stell dir vor, du könntest dir deine eigene Grabrede schreiben. Was wünschst du dir, was die Menschen an deiner Beerdigung über dich erzählen? Wie würde dein Leben aussehen? Tauche ein in das Bild, in die Worte, vielleicht schreibst du dir heute wirklich deine Grabrede. Und dann frage dich zum Schluss, ob du heute, zu diesem Zeitpunkt schon die richtigen Schritte tust und die richtigen Gedanken denkst, die dich deinem Herzensprojekt näherbringen.

Fragen für deine Tarot- und Orakelkarten zur elften Rauhnacht

Karte 1

Wie kann ich das Feuer meiner Passion wieder entfachen?

Karte 2

Welche Energie hilft mir dabei, mir der Illusion des Todes bewusst zu werden?

Karte 3

Welche Energien helfen mir dabei, meinen eigenen Rhythmus zu finden und meine inneren Zyklen zu leben?

12. RAUHNACHT

4. Januar

4. Januar, zwölfte Rauhnacht

Ich öffne mich für all die Wunder, die durch mich wahr werden möchten.

Impulse: die Nacht der Wunder, der Tag der Gnade, Freiheit leben, im Fluss des Lebens stehen.

Die zwölfte Rauhnacht steht für den Monat Dezember des kommenden Jahres.

Heute darfst du dich mit den Wundern in dir, denen um dich herum und den Wundern, die noch kommen werden, verbinden. **In dieser WunderNacht darfst du alles, was du in den letzten Rauhnächten für dich erkennen und erfahren durftest, dem grossen Ganzen übergeben.**

Könnte es vielleicht sein, dass sich in dir immer wieder kleine Momente des Zweifels einschleichen, nachdem du dich so intensiv mit deinen Visionen, Wünschen und neuen Ideen befasst hast? Glaube mir, das ist ganz normal.

Wir alle kommen immer mal wieder an einen Punkt, an dem wir ins alte Fahrwasser zurückzugleiten drohen. Es gibt nichts Schwierigeres, als alte Gewohnheiten durch neue zu ersetzen. Das kann dir jede Ex-Raucherin und jede, die schon einmal eine Ernährungsumstellung hinter sich hat, bestätigen.

Sich seiner Wünsche, Bedürfnisse, Ideen und Passion bewusst zu werden, ist das eine, sich voll und ganz auf den Prozess der Transformation und das *Sein* einzulassen, das andere. Es kann sein, dass dein System immer mal wieder rebelliert und dir dein Verstand ein kleines Schnippchen schlagen möchte.

Du weisst ja: Es geht nicht darum, dein Ego völlig auszublenden oder es zu verteufeln. Nein, es geht darum, ganz bewusst wahrzunehmen, wann du in deinen Ego-Anteilen drin bist und wann du verbunden bist mit allem, was ist.

Stell dir einfach vor, dass dein Geist und dein Körper ein bisschen anders schwingen als deine Seele und lasse den beiden Anteilen in dir Zeit, um sich der neuen Ebene, die du in deinem Seelenanteil aktiviert hast, anzupassen.

Kannst du dich noch an die zweite Rauhnacht erinnern? Dort habe ich dir erklärt, dass es darum geht, Körper, Geist und Seele in Einklang zu bringen, um Kanal sein zu können. Lass dir und deinem System die nötige Zeit, um sich in Ruhe auszurichten und in Einklang zu kommen.

Ehre den Prozess

Die Energie eines Neuanfangs ist meistens nach der ersten Euphorie von einem Gefühl von Schwere oder auch Ängsten und Zweifeln begleitet, weil sich nach und nach wieder das Ego einschaltet und unser Gehirn an den alten Gewohnheiten festhalten will.

Wir legen unsere Ziele, Wünsche und Visionen fest, erkennen, was wir loslassen dürfen, sind ganz euphorisch. Und dann, zack, hat uns das Leben wieder, und wir merken: Oh je, da liegt ja ganz viel Arbeit vor mir! Vielleicht wird es Momente geben, in denen du sogar den Wald vor lauter Bäumen nicht mehr sehen kannst. Das Wichtigste in dieser Phase ist, dass du dich mit dem Wunder in dir verbindest und erkennst, dass du nicht diese Angst und Zweifel erfüllten Gedanken bist!

Das Wie ist nicht dein Job

Sei in Zukunft ganz achtsam mit dir und beobachte. Wenn du merkst, dass es in irgendeinem Prozess nicht mehr weitergeht oder du ins Stocken kommst, dann schaue genau hin und finde heraus, wo du noch kämpfst, verdrängst, flüchtest oder festhältst.

Es sind diese Stellen, die dich an deinem Wandel hindern. Diese blinden Flecken gilt es zu entlarven und ganz genau anzuschauen.

Werde zur Forscherin deiner Selbst und lass dich immer wieder von der Freude und der Liebe zu dir und deinem Leben leiten.

Transformation muss niemals irgendwie in Gang gebracht werden

Sie passiert von alleine, wenn alle Hindernisse weggeräumt sind. Das heisst, du musst nicht wissen, wie du an dein Ziel gelangst. Dein einziger Job ist herauszufinden, was dein Ziel ist und was dich noch daran hindert, dorthin zu gelangen. Sind alle Hindernisse weggeräumt, beginnt dein Wandelmut automatisch zu wirken.

Heute ist ein guter Tag, um innezuhalten, tief durchzuatmen, still zu werden, dich zu erden, dein Energiefeld weit werden zu lassen und dich vertrauensvoll den Wundern des Lebens, dem Flow und der Leichtigkeit hinzugeben.

Entspanne dich in den Widerstand hinein, falls sich dir einer zeigt. Lass ihn zu, beobachte ihn, schenke ihm nicht zu viel Beachtung und vertraue darauf, dass das Wunder des Lebens alles regelt. Vertraue, dass das Universum genau weiss, was für dich am besten ist. Alles hat seine Ordnung. Lass dein Ego los, gib dich ganz wertfrei dem Fluss deines Lebens hin. Lass all die negativen Gefühle und Glaubensmuster noch einmal ganz bewusst ziehen und gib dir die Erlaubnis, dich, deine Essenz, dein Herzensthema zu leben: Kompromisslos, authentisch und stark. Handle aus deinem Herzen und nicht aus dem Verstand.

Du siehst, die Rauhnächte haben ganz viel damit zu tun, dass wir unsere Blockaden erkennen und uns für das Wunder unseres Lebens öffnen.

Die Rauhnächte sind perfekt dafür geschaffen, sich in kurzer Zeit diesen Prozessen hinzugeben.

Die tatsächliche Transformation beginnt aber erst jetzt. Dann, wenn Ruhe einkehrt, wenn du dieses Buch fertig gelesen hast und du all das, was du in den letzten Tagen erlebt hast, in dir wirken lässt.

Nun bist du dazu herausgefordert, all die Erkenntnisse, die Klarheit, die Einsichten aus den letzten beiden Wochen in dein Leben zu integrieren und zu leben. Bringe das, was du auf der geistigen Ebene verstanden hast, in Einklang mit deiner Seelenessenz und fang damit an, all das zu verkörpern und zu leben und du wirst du zu einem einzigartigen HerzBauch-Werk.

Kannst du dich noch an die drei kleinen Worte erinnern? *Sein, Tun* und *Haben*. Sei HerzBauchWerk und du wirst in ein ganz neues Handeln kommen. Das neue Jahr wird ein wunderbares Übungsfeld dafür werden.

Ich lade dich dazu ein, dir in diesem neuen Jahr immer wieder Zeit zu nehmen, in das *Sein* einzutauchen.

Meine Empfehlung an dich:
Lege dieses Workbook ein Jahr lang niemals richtig weg, sondern nimm es immer am Monatsbeginn hervor, um dich nochmals mit dem Thema der dazugehörigen Rauhnacht zu beschäftigen.

Übung und Training

Genau das braucht es jetzt!

Bleibe wach und achtsam und fange damit an, dich immer wieder mit dem Zauber in dir und dem Zauber dieser magischen Nächte zu verbinden. Mache es dir zum Ritual, jeden Monatsanfang dieses Workbook hervor zu nehmen und zu lesen, was dich damals beschäftigt hat.

Vielleicht nimmst du dir auch einen ganzen Monat lang Zeit, um in das Thema dieser Rauhnacht richtig tief einzutauchen. Oder du sicherst dir einen Platz im JahresWerk, meiner Online Community, in der du mit anderen wundervollen Menschen zusammen das kommende Jahr auf intensive Art und Weise zelebrieren kannst.

Du bist immer auf deinem Weg, solange du lebst. Eine Erkenntnis darf die nächste ablösen, und so vieles darfst du lernen, integrieren, bereinigen, loslassen. Jeden Tag wirst du dazu eingeladen, dich neu zu gebären, dich für die Wunder deines Lebens zu öffnen und dich dem Leben selber bedingungslos hinzugeben.

Sei dankbar für all das, was dir bis jetzt in deinem Leben widerfahren ist. Denn es sind diese Erfahrungen, die dich zu dem Menschen gemacht haben, der du heute bist.

Gehe positiv und gestärkt ins neue Jahr!

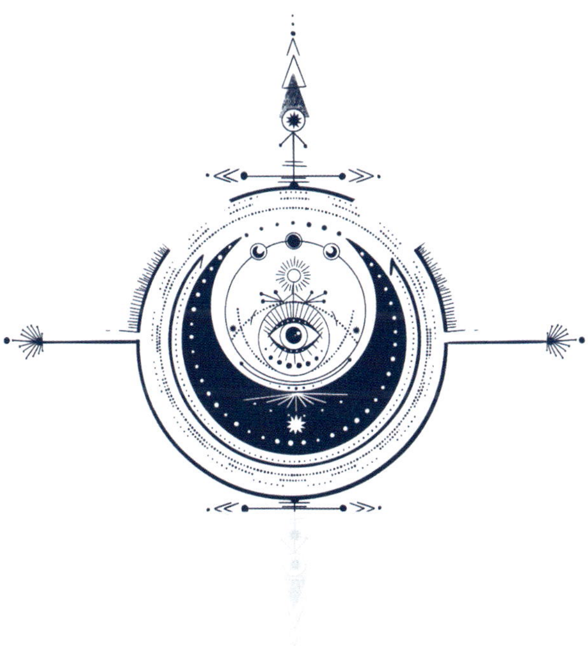

Selbstreflexion:

Welche Wunder durftest du in deinem Leben schon erleben?

Bist du bereit dazu, dich in den Fluss des Lebens zu stellen und einfach nur mitzugehen?

Stell dir vor, das grösste Wunder, das dir widerfahren ist, bist du. Welches Wunder bist du?

Für was liebst und ehrst du dich am meisten?

Dein Wunschritual:

Falls du dein Wunschritual gemacht hast, darfst du heute deinen dreizehnten Wunsch in der Hand halten, da du das letzte Zettelchen verbrannt hast. Warte aber bitte noch mit dem Öffnen und Lesen deines Wunsches, bis wir morgen ganz offiziell die Rauhnächte abschliessen werden. Halte das Zettelchen geschlossen in deiner Hand und verbinde dich mit ihm. Was fühlst du? Welche Gedanken, Gefühle und Bilder empfängst du? Vielleicht hast du auch Lust, für diesen Wunsch noch eine Orakelkarte zu ziehen.

Deine Aufgabe:

Komme zur Ruhe, atme ein paar Mal tief ein und aus, spüre nochmals in deinen übrig gebliebenen Wunsch hinein. Diesen letzten Zettel wirst du morgen öffnen, wirst dich dafür bereit erklären, im kommenden Jahr alles Menschenmögliche dafür zu tun, dass dieser Wunsch in Erfüllung geht.

Wie fühlt er sich an, dieser Wunsch, ganz ohne ihn zu lesen? Was nimmst du wahr? Gefühle, Emotionen, Bilder, Worte? Verbinde dich und schreibe auf.

Fragen für deine Tarot- und Orakelkarten zur zwölften Rauhnacht

Karte 1

Welches Wunder möchte durch mich hindurch wirken?

Karte 2

Wie kann ich mich mit den wundervollen Momenten in meinem Leben verbinden?

Karte 3

Was hilft mir, mich immer wieder mit dem Fluss des Lebens zu verbinden?

KAPITEL 8

Abschluss

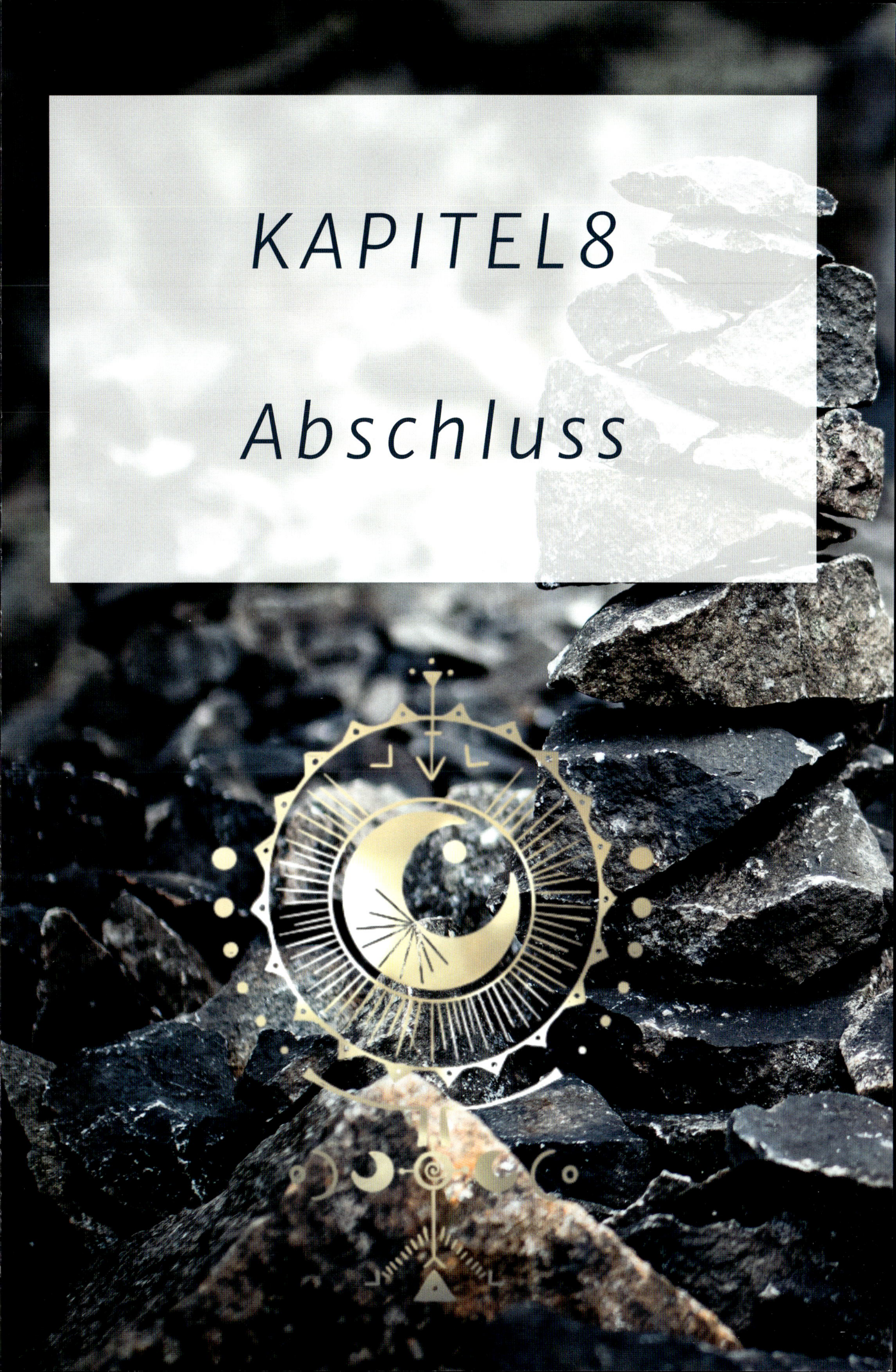

5. Januar

Ein Segen schliesst die Zeit zwischen den Jahren ab

Diese Nacht gehört offiziell nicht mehr zu den Rauhnächten. Ich möchte sie aber dazu nutzen, um uns voll und ganz dem Thema Abschluss zu widmen.

Heute darfst du ganz bewusst für dich Bilanz ziehen über die letzten Rauhnächte und Rauhtage.

Gab es ein Thema, das immer wiedergekehrt ist? Etwas ganz Zentrales?

Lies deine Notizen nochmals durch.

Erkennst du ein Motto für das neue Jahr? Falls ja, schreibe es auf und hänge es wo hin, wo du es immer wieder lesen kannst.

Mein Motto für diese Rauhnächte lautet:

Gab es einzelne Rauhnächte, die sich herausfordernd für dich angefühlt haben? Themen, die dich beschäftigten? Wenn ja, welche?

Was ist passiert? Wie hast du die Zeit zwischen den Jahren erlebt?

Welche grossen Erkenntnisse haben deine Rauhnächte für dich bereitgehalten?

Wie hat es sich für dich angefühlt, die Zeit zwischen den Jahren so intensiv zu verbringen?

Deine Aufgabe:

Für welchen Wunsch übernimmst du in diesem Jahr die volle Verantwortung?

Heute darfst du dein letztes Zettelchen aus deinem Wunschritual öffnen und den Wunsch lesen.

Verbinde dich mit ihm, trage Sorge zu ihm. Am besten ist es, du hängst ihn irgendwo gut sichtbar auf, damit du das gesamte kommende Jahr an ihn erinnert wirst. Wer weiss, vielleicht schreibst du ihn nochmals schön auf ein Blatt Papier das du verzierst und sogar einrahmst, oder du bewahrst ihn an einem sicheren Ort, in einem Kästchen oder deinem Wunschglas auf.

Setze dich hin und schreibe auf, wie du diesen Wunsch in Erfüllung bringen möchtest. Setze klare Ziele, eine klare Absicht, heisse diesen Wunsch willkommen und hole die hundertprozentige Verantwortung für ihn und seine Erfüllung zu dir. Was kannst du jeden Tag als kleinen Schritt tun, um diesen Wunsch in Erfüllung gehen zu lassen? Wenn du magst kannst du noch Orakelkarten für deinen Wunsch ziehen.

Dein Ritual:

Heute Abend gehen Träume in Erfüllung. Räuchere heute nochmals ausgiebig und lüfte bewusst dein Heim. Öffne die Türen und Fenster, um den Segen in dein Heim zu bringen.

Fragen für deine Tarot- und Orakelkarten zum letzten Wunsch aus dem Wunschritual

Karte 1

Welche Energie hilft mir dabei, Verantwortung für meinen letzten Wunsch zu übernehmen?

Karte 2

Welche Energie unterstützt mich dabei, dass mein letzter Wunsch in diesem Jahr in Erfüllung geht?

Karte 3

Wie finde ich den Mut, um alles erforderliche zu tun, damit mein Wunsch in Erfüllung geht?

Die Zeit nach den Rauhnächten

Ich möchte mich bei dir bedanken, dass du mit mir in diese magische Zeit eingetaucht bist. Ich wünsche dir von ganzem Herzen ein genauso magisches Jahr.

Vergiss nicht, immer wieder Rückschau zu halten, wenn du in die kommenden zwölf Monate eintauchst, um deine Erkennnisse aus den letzten zwei Wochen auch wirklich in deinem Leben zu integrieren.

Wenn du magst, kannst du dir heute einen Plan machen, wie du dich in diesem neuen Jahr immer wieder mit der Magie der letzten Tage verbinden kannst.

Vielleicht hast du Lust, ganz alleine an einen stillen Ort zu gehen, um dich nochmals mit deinen Visionen und dem Zauber der letzten Tage zu verbinden? Gib dir das Versprechen, mehr HerzBauchWerk zu leben, tief in der Verbindung zu dir zu bleiben und vergiss eines nicht:

Lade immer wieder die Freude, die Liebe, das Vertrauen und die Freiheit in dein Leben ein!

Ich wünsche dir von Herzen alles, alles Liebe und Gute in diesem neuen Jahr! Trage Sorge zu deinen Wünschen und deiner Herzessenz. Sie ist dein wertvollster Schatz.

Alles Liebe, deine Tanja

Danke!

Ich möchte mich von Herzen bei all den Menschen bedanken, die mich in meinem Leben begleiten, mir den nötigen Raum schaffen, um als HerzBauchWerkerin wirken zu dürfen.

Dazu gehören meine Allerliebsten: Cyrill, Nael, Nova und Enie. Ich weiss, es kann manchmal eine schöne Herausforderung sein, das Leben mit mir zu teilen, aber hei, zusammen machen wir es bunt, wild und laut! Ich danke euch, dass ich mich in eurer Gegenwart zu Hause und sicher fühlen darf!

Danke dir, liebe Sonja Schnatzer, dass du für jeden technischen Spass mit mir zu haben bist, ob das nun ganz spontan das Layouten von diesem Buch ist, oder das Umbauen meiner Homepage: du bist immer da, zur Stelle und machst das Unmögliche für mich möglich. Du bist meine Technikfee Number one und gleichzeitig eine Freundin über Landesgrenzen hinaus. Danke, dass es dich in meiner Welt gibt!

Ein episches Danke geht auch an Barbara Lampl und Regina Westenthanner von Feminist Economy. Danke für eure Begleitung, den einen oder anderen Kick in the Ass und den Epic Shit, den ich mit euch zusammen in die Welt bringen darf!

Danke dir liebe Shanti Engelmayer für die wunderschönen Fotos und Bilder, die meine Rauhnächte in einem wunderschönen Bild erscheinen lassen.

Ich bedanke mich bei allen Menschen, die ich in irgendeiner Form in ihrem Leben begleiten und ihrem HerzBauchWerk näher bringen darf: Den Frauen im JahresWerk, den Teilnehmerinnen im OnlineRetreat zu den Rauhnächten, den Frauen und Männern, die ich persönlich begleiten und für sie Lebensbäume malen darf.

Ich danke dir, liebe Leserin, lieber Leser, dass du so wandelmutig bist, dich dir selbst zu schenken und die Reise in dein Innerstes anzutreten.

Über die Autorin

Tanja Suppiger lebt mit ihrem Mann, drei Kindern und Labradoodle-Rüde Momo im Luzerner Seetal.

Die schweizer Lebenscoachin, Autorin, Künstlerin, Mutter & Unternehmerin ist Expertin für altes Wissen und neues Bewusstsein.

Mit ihrem HerzBauchWerk® begleitet sie Frauen aus aller Welt durch die Zeit der Rauhnächte, im JahresWerk und 1:1 in der HerzBauchWerkStatt.

Naturverbunden und bodenständig spirituell nimmt sie sich der Lebensthemen von feinfühligen, empfindsamen Frauen an, begleitet, bildet aus und hält den Raum für Ausdehnung, Lebensfreude und Bewusstsein! Als Künstlerin gestaltet sie deinen Lebensbaum.

Mehr über Tanja Suppiger

www.herzbauchwerk.ch

Quellenverzeichnis

Die Heilkraft des Räucherns, Friedrich Kaindlstorfer, Kneipp Verlag, 2. Auflage, Dezember 2016

Mein Rauhnacht Begleiter, Jeanne Ruland, Schirner Verlag, 2. Auflage, November 2016

Rauhnacht Rituale für Frauen, Sandra Waldermann-Scherhak, 4. Auflage, Oktober 2018

Mystische Raunächte, Renate Kauderer, Print-Verlag, 1. Auflage, November 2015

Der rituelle Jahreskreis, Renate Kauderer, Print-Verlag, 1. Auflage, März 2019

Räuchern zu heiligen Zeiten, Hannelore Kleiss, Freya Verlag, 3. Auflage, 2018

Glücksschule, Daniel Hess, Via Nova Verlag, 1. Auflage 2019

Werde verrückt, Veit Lindau, Kailash Verlag, 3. Auflage 2015

Körperweisheit, Eveline Moor, Goldegg Verlag, 2017

Witch, Lisa Lister, Hay House Verlag, 2017

Die Botschaft des Wassers, Masuru Emoto, Koha Verlag, 2012

Inspirierende Menschen aus dem Netz und dem richtigen Leben:

Uta Nimsgarn, www.uta-nimsgarn.de, 2019

Ruth Hess, www.ruthhess.ch, 2020

Sabrina Estermann, www.eindufterladen.ch, 2020